Jesaja Langenbacher

Initiation

Tor zum Leben

Vier-Türme-Verlag

Bibliographische Information der Deutschen Nationalbibliothek

Die Deutsche Nationalbibliothek verzeichnet diese Publikation in der Deutschen Nationalbibliographie; detaillierte Informationen sind im Internet über http://dnb.d-nb.de abrufbar.

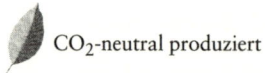 CO_2-neutral produziert

1. Auflage 2011
© Vier-Türme GmbH, Verlag, Münsterschwarzach 2011
Alle Rechte vorbehalten

Druck und Bindung: Benedict Press, Vier-Türme GmbH
Münsterschwarzach

ISBN 978-3-89680-580-5
ISSN 0171-6360

www.vier-tuerme-verlag.de

Inhalt

Einleitung

Sehnen wir uns nicht alle nach einem erfüllten Leben, nach einem Leben in Fülle? Was hindert uns eigentlich daran? Welche Türen und Tore sind uns verschlossen oder scheinen uns zumindest verschlossen? Eigentlich wünschen wir uns nichts mehr, als dass jemand kommt und eine Tür öffnet, um uns aus unseren Abhängigkeiten, unseren einengenden Lebensmustern, unseren Dunkelheiten auf einen Weg des Lebens herauszuführen. Wir warten auf jemanden, der mit uns immer wieder einen Anfang macht, mit uns trotz allem immer wieder neu anfängt.

Vielleicht kann dieses Buch ein Anfang sein, ein »Initium«, um einen anderen Blick auf unser Leben zu bekommen, einen Blick, der wie ein Schlüssel wirken kann. Vielleicht kann es eine Tür oder ein Tor öffnen zum Leben oder sogar ein Tor zum Leben sein.

Ich möchte im Folgenden auf unser Menschsein heute schauen, auf unsere Notlagen und Sehnsüchte. Ich möchte zeigen, dass Leben Wachstum und Veränderung bedeutet, dass es in jedem menschlichen Leben Umbrüche, Abbrüche und Aufbrüche gibt. Ich möchte weiter die Leser dazu ermutigen, die in ihrem Leben anstehenden »Wachstumsschübe« zu erkennen und anzunehmen und sie auch als Übergänge zu gestalten. Ich möchte ihnen Mut machen, immer wieder neu anzufangen und sich dabei auch unterstützen zu lassen – durch Menschen, die sie begleiten, durch Übergangsriten, durch Initiationsriten. Sie alle können helfen, Neuanfänge zu bewältigen und immer mehr als neue und verwandelte Menschen zu leben.

Weil viele Übergänge in unserem Leben erst einmal schwer zu bewältigen sind, brauchen wir diese (Geburts-)Hilfen. Das soll an ausgewählten Beispielen gezeigt werden. Ziel ist, bereit zu sein für die anstehenden Aufbrüche und Hilfen für die Übergänge an der Hand zu haben. In unserem Leben gibt es jedoch nicht nur die großen Übergänge von der Kindheit zum Erwachsenenleben, vom Werden zur Geburt oder vom Leben zum Tod. Übergänge lassen sich auch ganz konkret im Alltag jedes Menschen finden. Daher möchte ich hier einige Übergangsriten für den Alltag vorstellen, die – eingeübt und vollzogen – nach und nach ihre verwandelnde Kraft entfalten werden. Wenn wir uns in den kleinen Dingen stützende, stärkende und ermutigende Rituale zu eigen machen, werden wir auch mehr und mehr bereit für die großen Übergänge unseres Lebens. Wir lernen, uns immer mehr in den Fluss des Lebens fallen zu lassen, wohl wissend, dass nach jedem Abstieg in die Verwandlung ein Aufstieg in neue Lebensabschnitte folgen wird.

Ich möchte die Leserin, den Leser an dieser Stelle einladen, dieses Buch mit dem Herzen zu lesen.

Mit dem Herzen zu lesen beschreibt eine innere Einstellung: Es soll nicht nur um eine gewisse Wissensvermittlung zu einem bestimmten Thema gehen, sondern es soll so weit wie möglich der ganze Mensch mit all seinen Gedanken, Gefühlen oder Regungen, aber auch in seiner geistlichen, unsichtbaren Wirklichkeit angesprochen und berührt werden. Diese Art des Lesens gehört in der geistlichen Tradition zur sogenannten »Lectio«. Man liest mit einem offenen und bereiten Herzen. Wenn ein Satz, ein Wort, ein Gedanke einen in irgendeiner Weise berührt oder anspricht, wird das Lesen für einen kurzen Moment unterbrochen, um dem Angesprochen- oder Berührtsein, der inneren Bewegung nachzuspüren. Damit wird das Lesen zu einem spannenden Erlebnis, bei dem der Leser, die Leserin in eine innere Kommunikation mit dem Buch und seinen Inhalten kommt. Damit lässt er sich dann auch selbst hineinnehmen und mitnehmen, er lässt sich durch die Worte und Sätze hindurchführen und vielleicht auch hinführen zu Bereichen in seinem Leben, die ihr oder ihm bisher in dem Maß nicht bewusst oder bekannt waren. Wenn der Leser, die Leserin sich berühren und bewegen lässt, spürt er oder sie den Impulsen nach, wohin sie ihn oder sie führen möchten. Vielleicht lässt sie oder er das Buch dann einfach einen Moment oder auch längere Zeit liegen, geht in die Stille oder nach draußen spazieren.

Ein weiterer Schritt in dieser Art des Lesen, dieser »Methode« ist schließlich wieder das Loslassen des Wortes, Satzes oder der Regung. Der Le-

ser, die Leserin bleibt aber weiter in einer »hörenden inneren Haltung«, um zu schauen, ob irgendetwas ihn oder sie noch weiter führen möchte oder
nicht. Es ist, als wenn ein Same in fruchtbaren Boden gefallen ist: Der eine Same geht sofort auf, der
andere liegt eine Weile im Boden und zeigt sich etwas später. Ein dritter keimt vielleicht erst viel später auf. Hilfreich ist an dieser Stelle eine Haltung
des Geschehenlassens.

Wenn wir in unseren tieferen Schichten unserer
Sehnsucht nach Leben angesprochen werden, dann
sind wir auf dem richtigen Weg, dann stehen wir
am Beginn eines neuen Lebens, am Anfang, dem
»*Initium*«. Dann findet hier schon eine Initiation
statt: die Einführung in einen neuen Lebensabschnitt, in eine neue Lebensschicht, ein neues, ver-
tieftes Leben. Möge dieses Buch schon ein erster
Schritt, ein erstes Tor zum neuen Leben sein, zum
wirklich eigenen, ursprünglichen, authentischen
Leben in Fülle. Dieses neue Leben liegt aber letztlich nicht in unserer Hand, wir können es nicht
»machen«. Es ist und bleibt ein Geschenk. Wir
können uns nur dafür öffnen, dass es sich in uns
und an uns zeigen kann. Der Anfang dazu ist, ein
hörender und offener Mensch zu werden und Ja
zu sagen, dass wir für die Geburt des neuen Lebens und die Gottesgeburt in uns bereit sind. Möge uns der Heilige Geist schon dazu bereiten und
das Nötige dazu tun.

Menschsein heute –
Notlagen und Sehnsüchte

Notlagen des Menschen heute

Kann ich Ja sagen? Bin ich bereit für einen Neuanfang? Oder ist meine Frage vielmehr, ob ich überhaupt einen Anfang, einen neuen Beginn, einen neuen Eingang, ein neues Tor zum Leben brauche? Bin ich denn nicht schon im Leben? Genügt es mir nicht, was ich schon habe? Ist es nicht schon genug, was ich alles tue und leiste? Viele leiden unter einem Gefühl permanenter Zeitnot und Zerstreuung, unter der Last der Informationsflut und der stetigen Beschleunigung aller Lebensprozesse. Wir haben sozusagen alle Möglichkeiten der Welt und dementsprechend hohe Ansprüche, diese Möglichkeiten auch zu nutzen. Je größer die Auswahl ist, desto schwerer fällt uns auch die Entscheidung. Das erhöht den Druck und steigert das Gefühl, gestresst zu sein. Die Wissenschaft macht ebenso rasante Fortschritte wie die Entwicklung in der Technik und in der global agierenden Wirtschaft. Die Politik kommt diesen Entwicklungen und ihren Auswirkungen mit ihren Entscheidungen kaum hinterher, oft wirkt sie dabei auch eher gehetzt als wohlüberlegt. Dieses Lebensgefühl, in der Arbeits- und Leistungsgesellschaft ständig gehetzt zu sein, überträgt sich dann oft auch auf die Erlebniskultur im Privaten, auf unsere Freizeit.

Zudem leben wir nicht mehr in einer Traditionsgesellschaft, in der unsere Zukunft quasi schon von Geburt an feststeht, sondern in einer hochdynamischen und komplexen Gesellschaft, deren Mechanismen und Strukturen wir schon lange nicht mehr überblicken können. Alles ist möglich. Jeder ist verantwortlich für den Entwurf seines Lebens. Das eröffnet uns ungeheure Möglichkeiten – und darin ist leider auch die des Scheiterns inbegriffen. Auf der Suche nach einem möglichst erfüllten und reichen Leben laufen wir allen Möglichkeiten hinterher und merken meistens erst zu spät, dass wir dabei das Eigentliche im Leben, das Genießen des Augenblicks, vergessen. Wir kommen nie zur Ruhe, nie zu uns selbst, nach dem Motto: »Eigentlich bin ich ganz anders, aber ich komme nur so selten dazu« (Ödön von Horváth zugeschrieben). Zudem entsteht auch weiterhin Druck in unserem Dasein, weil wir der Überzeugung sind, dass wir selbst den letzten Sinn im Leben finden müssen, weil uns der Glaube an einen größeren Sinnhorizont abhanden gekommen ist, dass wir nämlich geborgen sind in einem Raum der Ewigkeit, dass das Leben mit diesem Leben nicht zu Ende ist, sondern in einer anderen Art und Weise verwandelt weitergeht.

Mit dem Wegfall der Traditionen müssen wir auch unsere Biografie selbstverantwortlich gestalten. Sie wird zu einer »Wahl- und Bastelbiografie« – und auch zur »Risikobiografie«, »Bruch- oder Zusammenbruchbiografie«. Hinter den Fassaden von Sicherheit und Wohlstand ist es immer auch möglich, abzugleiten oder abzustürzen.

Wir leben gesellschaftlich und religiös im Augenblick – wieder einmal – in einer Übergangsphase. Es wurde und wird immer offensichtlicher, dass auch die Verheißungen und die Versprechen der Postmoderne – Sicherheit und Heil durch Besitz, Geld und Wohlstand, dass durch Technik und neue Erfindungen alles machbar ist, dass das Leid und der Tod damit bezwungen werden können – nicht wirklich bis ins Letzte tragen.

Die äußeren Krisen haben die bisherigen Sicherheitsstrukturen ins Wanken gebracht. So wurde beispielsweise in der Finanzkrise deutlich, dass das Geld auf der Bank auch nicht unbedingt sicher vor Entwertung ist. Nicht ohne Grund wird im Augenblick wieder viel in Besitz investiert, in Immobilien, Gold und Silber zum Beispiel.

Dennoch hat sich gezeigt, dass gerade diese Dinge auch nicht das ganze Leben ausmachen. Der Rückzug der Menschen auf die Familie zeigt dies. Doch gerade auch dort werden viele Menschen mit den Unsicherheiten und Konflikten des Lebens konfrontiert: Es ist nicht mehr unbedingt das Gängigste und es gibt keine Garantie dafür, dass eine Ehe ein Leben lang hält, dass Kinder behütet aufwachsen.

Wird in wirtschaftlichen Bereichen Flexibilität in jeder Hinsicht verlangt, so erzeugt dies auch eine gewisse Unverbindlichkeit im alltäglichen Leben. Die mangelnde Bindungsfähigkeit entstammt unter anderen einer Angst vor Abhängigkeiten. Die Gefahr von Abhängigkeit liegt aber nicht nur in äußeren Bedingungen unseres Lebens, sondern existiert auch in unseren inneren Verhaltensstrukturen: Viele möchten sich anders verhalten, bleiben aber immer wieder in ihren eigenen Begrenzungen stecken. Eine Rolle können dabei die sogenannten inneren Antreiber spielen. Dieser Begriff stammt aus der Transaktionsanalyse und meint verinnerlichte »Stimmen«, die wir immer wieder in unserem Kopf hören und die uns das Leben schwer machen. Sie lassen sich in fünf Handlungsanweisungen fassen, denen wir mehr oder weniger unser ganzes Leben lang folgen und die einem wirklich erfüllten Leben oft diametral entgegenstehen:

1. *Sei perfekt!*
2. *Beeile dich, mach schnell!*
3. *Mach es allen recht!*
4. *Streng dich an!*
5. *Sei stark!*

Gäbe es nur den Blick auf die Nöte unserer Zeit, auf das Schwere, Dunkle, auf das Glas, das immer nur halbleere und nie halbvoll ist, würde das schließlich in die Gleichgültigkeit führen – wir können ja doch nichts ändern! Ein Perspektivenwechsel kann jedoch weiterhelfen: Wo ist das Glas tatsächlich halbvoll und wo gibt es aus dieser Situation vielleicht auch schon Auswege?

Es gibt in jedem Menschen eine positive Kraft, die sich mit den gegebenen Umständen nicht zufrieden gibt, sich nicht abfindet mit dem, wie es ist. Ein Name für diese Kraft ist Sehnsucht.

Unsere Sehnsüchte anerkennen und leben

Betrachtet man all die Nöte und Zwänge, in denen wir tagtäglich stecken, kommen wir bei genauerem Hinsehen zu der Einsicht: Wir werden gelebt, statt selbst zu leben. Von klein auf wachsen wir mal bewusster, mal unbewusster in Spannungsgefügen auf. Dabei werden die äußeren Spannungen immer häufiger und schneller zu inneren Spannungen. Man fühlt sich angespannt, im Nacken verspannt, der Rücken und das Knie tun weh, aufrecht stehen kann man auch nicht mehr wirklich schmerzfrei ... Oft sind das körperliche Reaktionen auf die Erwartungen, die wir spüren, die auf uns im wahrsten Sinn des Wortes lasten, seien es gesellschaftliche oder familiäre. Das führt nicht selten dazu, dass wir unsere Sehnsüchte – nach Liebe, Angenommensein, nach Freiheit, Unabhängigkeit, Zugehörigkeit, Sehnsucht nach Sicherheit, Geborgenheit und Sinn, Zusammengehörigkeit – gar nicht mehr spüren. Und doch: auch unsere Sehnsüchte brauchen eine gute Balance, denn schon in ihnen selbst steckt eine gewisse Spannung: Der Sehnsucht nach Unabhängigkeit und Freiheit steht zum Beispiel die Sehnsucht nach Zusammengehörigkeit, Familie und Geborgenheit gegenüber. Der Sehnsucht nach eigenem Leben stehen oft die Erwartungen und (vermeintlichen) Zwänge der Familie und Gesellschaft gegenüber. Eine »Befreiung« hin zur reinen Individualität, zum Dasein als Single scheint jedoch auch nicht das letzte Ziel zu sein, wird der Mensch dabei doch mit seiner Einsamkeit und seinen inneren Abhängigkeiten konfrontiert. Daraus entsteht die Frage, wie eine Gemeinschaft gestaltet sein muss, in der man Verbundenheit und damit auch Verbindlichkeit erleben kann, in der der Einzelne sich aber selbst treu bleiben kann und auch seine Eigenräume behält.

Um dem etwas näher zu kommen, nach was ich eigentlich in meinem Leben auf der Suche bin, kann man sich einige Fragen stellen, die auf die eigenen Sehnsüchte verweisen: Zu wem gehöre ich wirklich? Für was stehe ich ein? Was ist der Sinn meines Lebens? Wer oder was gibt mir Halt und Orientierung? Wer bin ich eigentlich? Woher komme ich? Wohin gehe ich? Wie finde ich wirklich zu mir? Was will ich eigentlich? Bin ich wirklich frei?

Viele haben jedoch das Gefühl, nicht wirklich ihr ureigenes Leben zu führen. Eine tiefe Sehnsucht, die sie treibt, ist die Sehnsucht nach Einssein: eins sein mit sich selbst, mit Gott, mit der Schöpfung und den Menschen. Die christliche Religion hält, wie auch andere Religionen, für diese

Sehnsüchte Bilder und Wege bereit. Sie fasst sie als Rückkehr in das Paradies, als Rückkehr zur Einheit und Ganzheit, als Rückkehr in das wahre, vollendete und glückende Leben. In diesem Zusammenhang spricht die Bibel vom »gelobten Land« (im Gegensatz zu Ägypten als dem Land der Abhängigkeit), vom »Berg Gottes«, dem »Tempel auf dem Berg Gottes«, vom »Reich Gottes«, dem »Himmelreich«, dem »himmlische Jerusalem«.

Manchmal äußert sich diese Sehnsucht auch in dem Gefühl, nicht ganz zu sein, dass irgendetwas fehlt im eigenen Leben, dass man irgendetwas verloren hat, zum Beispiel das Gefühl der Einheit oder das Gefühl, dass alles, was ist, in Ordnung ist. Mit einem Bild aus den Märchen: Man hat seine goldene Kugel verloren, seine Ganzheit, seine Einheit. In einem religiösen Bild: Man hat das Paradies verloren oder wurde daraus vertrieben. Wenn wir die Erfüllung unserer Sehnsucht nach Einheit dann ausschließlich in einem anderen Menschen suchen oder im Erfolg, im Besitz, wird sich immer wieder das Gefühl einstellen, dass uns doch noch etwas fehlt, um wirklich ganz zu sein. Was das im Letzten ist, bleibt eher im Verborgenen. Sobald man etwas erreicht hat oder besitzt, spürt man irgendwann doch, dass auch das noch nicht alles gewesen sein kann.

Wie aber kommt man nun wieder zu seinem Frieden mit sich, mit seinen Mitmenschen, der Welt und seinem Gott? Ist es überhaupt möglich, dass man nicht in falsche Abhängigkeiten gerät? Gibt es einen Preis, der dafür bezahlt werden muss? Ich kann mir durch Konsum meine Freiheit und meinen Selbstwert beweisen – ich kann mir etwas leisten. Ich kann auch meine »Selbstverwirklichung« vorantreiben. Aber, wenn dann die stillen Momente kommen, vielleicht auch die Momente des Alleinseins, dann bleibt immer auch ein schales Gefühl – war es das jetzt? Kann es das gewesen sein? Kann ich sozusagen mein Glück der Einheit mit mir, den anderen, der Welt und dem Kosmos kaufen?

Nehmen wir uns also als Suchende und Pilger ernst. Machen wir uns auf den Weg, letztlich hin zu uns selbst. Es gibt Orte, Zeiten, Menschen, das Leben, die Engel und Gott selbst, die uns einführen möchten in unseren nächsten Lebensabschnitt, in das neue Leben in der Gegenwart Gottes. Folgen wir unserer Sehnsucht nach Leben. Lassen wir uns als Pilger unserer Sehnsucht mitnehmen an Orte, die uns weit und offen machen möchten. Und wenn uns der Weg auch durch die Angst führt, gehen wir einfach weiter. Lassen wir uns vom Leben und von Gott hinführen an jene Orte, die keine Angst mehr kennen, an die Orte des Vertrauens, der Freude, der Sehnsucht, Orte der Weite und Offenheit, Orte, die uns licht- und liebevoll machen.

In diesem Sinn kann man auch das Wort »Initiation« verstehen: als Übergang und Hineinführung in neue Lebensabschnitte und neue Lebenstiefen ist sie ein Tor zum Leben. Eine Initiation will letztlich jenes Tor sein, das uns in die Gegenwart und Einheit Gottes führen möchte. Sie ist Weg und Ziel zugleich.

Das Leben ist ein Prozess –
Übergänge und Initiationen

Verschiedene Lebensmodelle

Bevor ich konkreter auf Initiationen, deren Struktur und Rituale eingehe, möchte ich noch einmal einen Blick auf das Leben und seine Prozesse werfen.

Das Zugmodell

Das Zugmodell beschreibt ein Gefühl, wie es uns im Angesicht der vielen Herausforderungen persönlicher und gesellschaftlicher Art begegnen könnte: Wir fahren in einem Zug und sitzen in irgendeinem Abteil. Die Zugfahrt nimmt so ihren Lauf, wie unser Leben so seinen Lauf nimmt. Wir fahren einfach mit. Wir bestimmen nicht, wo und wie lange der Zug hält und wo nicht. Das haben wir nicht in der Hand. Wir können natürlich aus dem Zug aussteigen und vielleicht in einen anderen steigen. So können wir in gewisser Weise mitbestimmen, wohin unsere Fahrt geht. Allerdings:

Die Gleise sind gelegt. Wenn man dieses Bild auf das Leben überträgt, hieße das: Wir sind als Kinder in einen Zug eingestiegen und fahren nun unser Leben lang irgendwo mit. Irgendwann kommen wir an unserem Lebensende irgendwo an – die Fahrt ist dann zu Ende. Vielleicht wird uns aber im Lauf unseres Lebens auch bewusst, dass wir gar nicht wissen, wohin die Fahrt überhaupt geht. Dann erkundigen wir uns beim Schaffner und überlegen uns, ob wir das überhaupt wollen. Sind wir mutig genug, steigen wir zwischendrin auch einmal aus und entscheiden neu, in welchen Lebenszug wir wieder einsteigen. Vielleicht bleiben wir unser ganzes Leben in einem Zugabteil, wie wir es als Kinder eben gelernt haben, und lernen nie etwas anderes kennen. Wir bleiben in den Verhaltensmustern unserer Kindheit verhaftet und lassen uns aus der gewohnten Sicherheit heraus weiter durch das Leben fahren. Vielleicht stehen wir aber auch auf und gehen zum Schaffner oder sogar zum Zugführer und entscheiden dann mit, wo der Zug hält oder nicht oder wohin die weitere Reise überhaupt geht. Die ganz Mutigen werden selbst zum Zugführer oder Streckenplaner und lassen ihre Gleise so verlegen, dass es wirklich ihr Weg ist, den der Zug fährt, sodass er ihrem ureigenen, ursprünglichen Leben entspricht.

Das Schleppenmodell

Das Schleppenmodell beschreibt unseren bisherigen Lebensweg als eine Schleppe, die jeder von uns hinter sich herzieht oder eben hinter sich herschleppt. In der Schleppe tragen wir die Zeit mit, in der wir leben beziehungsweise in der wir geboren wurden. Es macht für unsere Lebensgeschichte an dieser Stelle schon einen gewaltigen Unterschied aus, dass wir nicht vor zweitausend Jahren oder im Mittelalter geboren wurden, dass wir nicht in Asien, Afrika oder Südamerika geboren sind, sondern beispielsweise in Deutschland. Weiter befindet sich in der Schleppe unsere besondere und individuelle Familiensituation, das heißt Eltern, Geschwister oder Verwandte, die uns in unserem Leben geprägt haben und die wir mit schönen und auch schwierigen, verletzenden Erfahrungen in Verbindung bringen.

Wir haben von ihnen lebensfördernde Verhaltensweisen gelernt und übernommen und auch lebenshindernde, einseitige oder einschränkende. In unserer Lebensschleppe befinden sich weiter unsere Freunde und Bekannte, Schulkameraden, Lehrer, also alle Menschen, Situationen, Orte, die für unser Leben und unsere Prägungen relevant waren und mit denen uns ebenfalls schöne wie schwere Erfahrungen verbinden.

Weitere Auswirkungen auf unsere Lebensschleppe haben die verschiedenen Sprachen, die wir sprechen – auch die Körpersprache –, die Mode, die Musik, die Orts-, Landes-, Kontinentsgeschichte mit ihren gesellschaftlichen und kulturellen Prägungen. Dazu gehören zum Beispiel auch traumatische Kriegserfahrungen, die die jeweiligen Generationen zu tragen haben und hatten und (im Idealfall in abgemilderten Formen) an ihre nachfolgenden Generationen weitergaben und -geben. Um ein Beispiel zu nennen: Die »abwesenden« Väter, die in den beiden Weltkriegen starben oder erst nach jahrelanger Gefangenschaft zurückkehrten, hinterließen in ihren Familien Lücken, eine Leere, die die Kinder mitzutragen hatten und die diesen Mangel auch wieder an ihre eigenen Kinder weitergaben. Die Verletzungen und Traumata, die die Kriege in der Psyche der Menschen hinterließen und hinterlassen, wirkten und wirken sich natürlich ebenso auf die Familien aus wie der Verlust des Vaters.

Wenn wir uns nun völlig mit unseren Lebensschleppen identifizieren, tragen wir diese als Last unser ganzes Leben lang mit uns herum. Vieles davon liegt vielleicht auch noch im Verborgenen, wirkt aber dennoch auf den Einzelnen und seine Umgebung. Dann erlebt man Situationen, die augenscheinlich überhaupt nichts mit der eigenen Vergangenheit zu tun haben, und plötzlich fühlt man sich gefühlsmäßig zurückversetzt in eine Situation aus der Kindheit, in der man etwas ohnmächtig erleiden musste, zum Beispiel, verlassen zu werden. Dann kann es geschehen, dass im Erwachsenen eine Wut aufsteigt, die mit der augenblicklichen Situation überhaupt nichts zu tun hat, den Menschen aber ein Gefühl durchleben lässt, dessen er damals als Kind vielleicht nicht fähig war. In der Psychologie spricht man hier von sogenannten Komplexen, die anspringen (Verena Kast).

Eine Initiation könnte in dieser Situation eine Befreiung bedeuten: In einem Ritual werden die »alte Schleppe«, die alten Kleider, der alte Menschen aus- und der neue Mensch angezogen. Christlich gesprochen hieße das, das Taufritual zu vollziehen, in dem immer wieder Christus als der neue, der göttliche Mensch angezogen wird. Ich komme später beim Initiationsritual der christlichen Taufe darauf zurück.

Weil diese »alten« Dinge meist im Unbewussten abgespeichert sind, kann man das Schleppenmodell im Zusammenhang mit dem folgenden Eisbergmodell sehen.

Das Eisbergmodell

Das Eisbergmodell beschreibt unser »Tagesbewusstsein« als das, was bei einem Eisberg sichtbar über die Wasseroberfläche hinausragt. Das stellt bei einem Eisberg jedoch nur ein Siebtel von dem dar, was einen Eisberg in seinen Ausmaßen wirklich ausmacht. Der Rest verschwindet unter der Wasseroberfläche. Übertragen heißt das, dass wir über uns und unser Leben nur geringfügig Bescheid wissen. Sechs Siebtel davon sind uns unbekannt oder besser unbewusst. Wir kennen diesen Anteil nicht von unserem Tagesbewusstsein her, aber er prägt doch immer wieder unser Leben: Wenn beispielsweise plötzlich Ängste aufsteigen, obwohl es eigentlich keinen realen Anlass dazu gibt, oder es einen Streit gibt, der von außen betrachtet völlig belanglos ist, der aber – aus tieferen Schichten motiviert – existentiell zu sein scheint. In diesen Situationen ist es nicht mehr der Erwachsene, der davon betroffen ist, sondern das kleine Kind im Erwachsenen, das eine Angstsituation oder eine Verletzung noch einmal durchlebt, die ihm so aber gar nicht bewusst ist.

Leben vollzieht sich als Entwicklung

Nun sind das zunächst einmal nur Modelle, die versuchen, das Leben zu beschreiben. Alle haben nicht das Ziel, einen Zustand festzuschreiben, sondern aufzuzeigen, dass das Leben sich als Entwicklung vollzieht, als Wachstumsprozess in einzelnen Schritten oder, wie der Baum, in Ringen. Kinder leben ganz normal in diesen Wachstumsprozessen. Sie sind noch offen für das Leben, wie es sich ihnen zeigt. Erst später ergeben sich Verfestigungen und Verkrustungen, die neues Leben und neues Wachstum erschweren. Wachstum vollzieht sich nicht immer gleichmäßig, sondern in Schüben. Solche Wachstumsschübe sind meist ganz individuell, folgen aber doch innerhalb der menschlichen Entwicklung bestimmten Phasen und Strukturen. Seit es Menschen gibt, haben sie um solche Phasen und Strukturen gewusst und ganz bewusst die Übergänge des Wachstums und der Entwicklung gestaltet. Sogenannte Übergangsriten halfen und helfen dabei, die alte Phase oder Struktur bewusst hinter sich zu lassen, eine Zwischenphase oder Übergangs- oder Wandlungsphase zu gestalten, um das neu Gelernte oder Angeeignete dann bewusst in das eigene Leben und den Alltag zu integrieren.

Die eben angedeuteten Wachstumsschübe leiten Veränderungen ein, die für das Kind noch normal sind. Wir Erwachsene dagegen deuten solche (natürlichen) Veränderungen oftmals als Krisen, positiver ausgedrückt als »Wachstumskrisen«. Das bedeutet aber auch: Wenn der Baum wächst, reißt die Rinde auf. Das kann schmerzhaft sein.

Wachstum findet im sogenannten »Zwischen« statt. Das Alte trägt nicht mehr und das Neue ist noch nicht geworden. Es ist ein Zustand des »nicht mehr« und »noch nicht« und wird gerade daher von den meisten Menschen als sehr unangenehm empfunden. Die feste, klare Struktur des bisher gelebten Lebens wird zugunsten des Wachstums vorübergehend aufgelöst. Das kann auch eine tiefe Verunsicherung und Orientierungslosigkeit beinhalten. Deshalb haben Initiationsriten normalerweise strenge, klar festgelegt Strukturen, die ihrerseits Raum schaffen für die unter Umständen schmerzhaften Wachstumsprozesse. Man darf solche Prozesse durchaus mit einem Geburtsvorgang vergleichen. Der Platz für das Kind im Mutterleib wird zu klein. Die Enge kann vom Kind als bedrohlich erlebt werden, es steckt dann in einer »Wachstumskrise« und braucht eine Veränderung. Das Hindurchgehen durch den engen Geburtskanal kann wieder Angst auslösen und ist auch ganz real lebensbedrohlich. Es braucht Hilfe von außen. Gleiches gilt auch für geleitete Initiationen im

Erwachsenenalter: Es braucht Hilfe von außen, jemanden, der durch die Prozesse hindurchleitet. Initiationen sind zum einen Lösungsprozesse vom alten, nicht mehr tragbaren Zustand. Sie gehen in einen Zwischen- oder Übergangszustand über, in dem die eigentliche Verwandlung oder Überführung stattfindet, und schließlich fügen sie den Menschen wieder in einen neuen, lebbaren Zustand ein.

Die Wachstumskrisen zeigen: Initiationen finden statt. Werden sie nicht bewusst gestaltet, ereignen sie sich sozusagen von selbst durch das Leben. Initiationen beschreiben Prozesse, die ablaufen, wenn eine Periode oder Phase des Lebens zu Ende geht, wenn es im Leben innerlich oder äußerlich nicht mehr stimmt, wenn das Alte, bisher Gewohnte nicht mehr trägt, etwas Neues aber noch nicht unbedingt in Sichtweite ist. Dann zeigen sich Brüche oder Abbrüche, die von außen auf den Menschen zukommen oder die vom Menschen bewusst oder unbewusst eingeleitet werden. Das Schwierige in solchen Phasen oder Krisen ist, dass offensichtlich wird, dass das Alte nicht mehr trägt, das Neue aber noch nicht da ist. Man wird sozusagen vom Leben in einen Zwischenzustand versetzt – im Bild gesprochen: in eine Wüstensituation. Übergangsriten und Initiationen setzen an diesen Stellen an. Sie helfen durch feste Rituale oder Ritualzyklen, dass wir solche Übergänge gut bewältigen können.

Übergänge und Initiationen im Leben

Unser Leben kennt große und kleine Übergänge. Zu den großen Übergängen zählen die Geburt, die Kleinkindphase, dann die Kindheit, die Jugend mit der Pubertät als Übergang zum Erwachsensein. Als Erwachsener gibt es die Übergänge von Schule/Studium zum Beruf, das Eingehen und Führen einer Beziehung, die Trauung/Hochzeit, die Ehe – oder das bewusste Singlesein. Im geistlichen Leben gibt es die Priesterweihe und die Ordensgelübde, jeweils in ihren verschiedenen Phasen und Weihegraden. Ein sehr bekannter weiterer Übergang ist die sogenannte Midlife-Crisis dar. Des Weiteren gibt es ganz individuelle Übergänge, die manchmal mit dem Überschreiten eines gewissen Alters zusammenhängen, manchmal aber auch völlig unabhängig vom Lebensalter sind. Der weit verbreiteten Theorie des Sieben-Jahres-Zyklus zufolge wiederholen sich alle sieben Jahre unsere Entwicklungsthemen auf einer tieferen oder höheren Ebene und wird somit auch alle sieben Jahre ein Übergang in eine neue Lebensphase notwendig. In einen solchen Zyklus fällt dann auch das in jeder Beziehung oder Ehe gefürchtete »verflixte siebte Jahr«.

Je nach Person und Erleben können Übergänge als einfach und klein oder auch als besonders und groß erfahren werden. Die Geburt des ersten Kindes ist sowohl für das Kind selbst als auch für die Eltern ein großes Ereignis, bei der zweiten, dritten oder vierten Geburt nimmt sie in der Bedeutung bei den Eltern ab. Ein kleinerer Übergang ist zum Beispiel, wenn das Kind das erste Mal das Fläschchen bekommt, sprechen und laufen lernt, der erste Schultag, im christlichen Bereich die Kommunion oder Konfirmation, dann ein Schulwechsel, das erste Mal verliebt sein, die erste Freundin oder der erste Freund, der Schulabschluss, der Führerschein, der Ausbildungsbeginn, das Ausbildungsende, ein Berufswechsel, ein Wohnungswechsel, ein Hausbau, eine Sabbatzeit, Pilgern, die Menopause, das Berufsende, Jubiläen und so weiter.

Übergänge gibt es auch in jedem Jahr, zum Beispiel der eigene Geburtstag als Feier des neuen Lebensjahres oder der Jahresübergang an Silvester sowie bei den verschiedenen Jahreszeiten. Auf den Tag heruntergebrochen finden sich auch hier Übergänge: von der Nacht zum Morgen, zum Mittag, zum Nachmittag in den Abend und die Nacht. Im Kloster werden diese Übergänge bewusst mit Ritualen und Gebeten gestaltet. In noch kleinere Abschnitte geteilt finden sich Übergänge auch zwischen den einzelnen Stunden, bei denen im Mönchtum das sogenannte Stundengebet gehalten wird.

Die Struktur von Initiationsprozessen

Übergänge verlaufen meist nach demselben Muster. Es ist, als ob etwas Altes stirbt und etwas Neues geboren wird. Initiationen sind bewusst gestaltete, geleitete und strukturierte Übergänge im Leben oder auf eine höhere Stufe des Lebens, hinein in einen neuen Lebensabschnitt (zum Beispiel Pubertätsriten, die meist kollektiv in einem Jahrgang stattfinden), in eine besondere Gesellschaft beziehungsweise Gemeinschaft hinein (in die Kirche oder in ein Kloster) oder in eine neue Rolle, ein Amt, eine neue Ordnung hinein (weltlich: in das Amt des Ministers oder Ähnliches; geistlich: die Berufung zum Priester oder Bischof). Die Initiation in die Zugehörigkeit zur Kirche hinein, ursprünglich in der Reihenfolge von Taufe – Firmung – Kommunion, erfolgt in Stufen. Nach der Kommunion beziehungsweise in der heutigen Praxis nach der Firmung ist der (junge) Christ volles Mitglied der Glaubensgemeinschaft.

Eine Initiation hat das Ziel, einen Außenstehenden (oder einen Bewerber) in eine neue Gemeinschaft und/oder in einen neuen Seinszustand einzuführen, indem man zum Beispiel vom Kind zum Mann, vom Novizen zum Mönch, von einem Ungetauften zu einem getauften Christen oder von einem Laien zum Priester wird.

Initiationsriten unterstützen das natürliche Wachstum des Lebens. Sie helfen den Menschen, einen alten (Seins-)Zustand bewusst hinter sich zu lassen, eine Phase der Unsicherheit und der Verwandlung und Veränderung zu bestehen, um als ein verwandelter Mensch in die neue Lebensphase überzuwechseln.

Was dem Menschen in seinem Leben aufgegeben ist, ist, seine Identität zu entwickeln. Das ist schon vom Wort her betrachtet nichts Statisches, sondern dynamisch. Das Leben entwickelt und entfaltet sich in Zyklen oder Stufen. Immer wieder hat der Mensch die Aufgabe, alte Erfahrungen und Entwicklungsschritte hinter sich zu lassen, Ablösungsprozesse zu vollziehen und sich nicht auf einer Stufe, einem Zustand auszuruhen. Das würde bedeuten, starr und »fertig« zu werden, was aber generell dem Lebensprozess widersprechen würde.

Arnold van Gennep hat viele Übergangsrituale und Initiationen untersucht und dabei festgestellt, dass diese nach einem ähnlichen Strukturschema ablaufen: Zunächst geht es um die Loslösung von einem alten (Entwicklungs-)Zustand oder Status, was durch entsprechende Trennungsriten unterstützt wird. Er nennt das »Séparation«. Dann folgt eine Übergangszeit, eine Zwischenphase, eine Wandlungszeit, »Marge« genannt, mit sogenannten Schwellen- und Umwandlungsriten, in denen die eigentliche Verwandlung und (innere) Veränderung stattfindet. Die Zwischenphase ist davon geprägt, dass der alte Zustand abgelegt wird (manche sprechen hier auch von Zerstörung, Zerstückelung oder von Desintegration) und der neue Zustand schrittweise aufgebaut wird (Phase der Neuorganisation). Als dritter Schritt erfolgt die Einführung in den neuen Status mit entsprechenden Angliederungsriten.

Ein innerer Übergang von einem Status in einen anderen oder von einer Lebensphase in eine andere kann auch mit einem räumlichen Übergang begleitet, unterstützt oder rituell dargestellt werden.

Die Grenzüberschreitung wird konkret erlebbar gemacht. So kann zum Beispiel die Braut von ihrem Vater über die Türschwelle aus dem Elternhaus in die Kirche hinein geführt werden und nach der Trauungszeremonie vom Ehemann über die Schwelle des eigenen, gemeinsamen Hauses getragen werden.

In der Zwischenphase einer Initiation können auch neue Verhaltensweisen eingeübt werden. Beim Übergang vom Jugendlichen zum Mann oder zur Frau kann es dann beispielsweise darum gehen, das Wissen vom Frau- und Mannsein und dementsprechende Umgangsweisen weiterzugeben und einzuüben. Als dritter Schritt folgen dann Wiedereingliederungsriten, die das Neue in den Alltag integrieren und es zur Gewohnheit werden lassen.

Trennung und Loslösung
vom alten Status (Séparation)

Die Loslösung vom alten Status als Veränderung im Sinn von Weiterentwicklung der Persönlichkeit kündigt sich als innerlich drängendes Bedürfnis nach Veränderung an, möglicherweise auch durch eine innere (heilige) Unruhe. Eine Loslösung kann aber ebenso von außen aufgezwungen werden, zum Beispiel durch lebensgeschichtliche Ereignisse, Krankheiten oder Familientraditionen. Bisherige Überzeugungen und Sicherheiten tragen nicht mehr, entfallen oder sind brüchig geworden, Verhaltensweisen werden als inadäquat empfunden, die eigenen Bedürfnisse und das soziale Umfeld stimmen nicht mehr überein. Entsprechende Trennungsriten können diese Phase einleiten oder begleiten.

Die Marge als Übergangs- und Wandlungszeit

In der *Marge* können noch einmal zwei aufeinanderfolgende Phasen unterschieden werden: die Phase der Desintegration (Zerstörung des alten Selbst, der alten Identität) und die Phase der Neuorganisation (Aufbau eines neuen Selbst, einer neuen Identität). Die Desintegration ist eine Zeit extremer Verunsicherung und (Todes-)Angst. In Bildern der Initiation wird das oft als Zerstückelung oder Zerreißen des alten (psychischen) Körpers beschrieben. Das alte Selbst wird zerstört, die »Knochen gesäubert und gezählt«, das heißt, es geht hier um die Auflösung alter Zusammenhänge, Abhängigkeiten und Beziehungen. In der Zwischenzeit, kann es zur Öffnung für unbewusste Prozesse kommen, wenn der Betroffene also plötzlich Zugang zum persönlich Unbewussten findet (verdrängte oder abgespaltene lebensgeschichtliche Ereignisse und Vorstellungen), zu Körperempfindungen, die aus gespeicherten alten Erlebnissen stammen, zum kollektiven Unbewussten (zum Beispiel Bildern, die nicht aus der Lebensgeschichte des Betroffenen stammen), zu Wahrnehmungen, die außerhalb des sinnlichen Bereiches liegen, oder zu Ereignissen, die vor der eigenen Lebenszeit stattgefunden haben oder sich zukünftig noch ereignen werden. Diese Phase wird oft wie ein passives Durchleiden erlebt. Sie erfordert von den Betroffenen den Mut, die Kontrolle aufzugeben, sich dem Prozessgeschehen passiv zu überlassen und sich vorübergehend der Führung anderer zu überlassen, zum Beispiel der des Initiationsmeisters oder der von Mentoren, Seelenführern, Seelsorgern, inneren Selbstanteilen, des Unbewussten oder einer Gottheit. Diese »Führungshilfen« können Menschen sein, meist gehören sie aber dem geistlichen Bereich an. Da die alte Identität verlorengeht und damit zusammenhängend auch alte Bindungen und Verbindlichkeiten, wird eine erfahrbare und neue (geistliche) Gemeinschaft hilfreich, wenn nicht sogar notwendig sein, die trägt, stützt, ermutigt, versteht und begleitet. Nach dem »Zerstückeln« der alten Identität folgt in manchen Initiationsriten das sogenannte Zählen der Knochen. Damit ist bildlich die Suche danach gemeint, welche Eigenschaften, Tugenden und Kräfte der Initiand für den weiteren aufbauenden Prozess noch braucht. Die Phase der *Marge* kann mitunter sehr lange dauern, bis sich das zerfallene Alte und das neu Hinzugetretene ordnen kann.

In der Phase oder im Prozess der Neuorganisation in der *Marge* geht es um einen gelingenden Neuaufbau des Selbst, der Identität. Diese Neuorganisation kann in eine kulturell tradierte Leitlinie hinein erfolgen (zum Beispiel als Priester oder als Psychotherapeut) oder in eine ganz eigene Identität. Die Neuorganisation ist letztlich stabilisierend. Es bleibt ein tief empfundenes Wissen um die eigene Verletzlichkeit und die Gewissheit, die

Krise überwunden zu haben. Das Ziel eines solchen transformativen Prozesses ist die Zurückführung des Betroffenen in die Alltagswelt.

Agrégation als Einführung in den neuen Status

Die *Agrégation* ist stärker als die beiden ersten Stufen des Prozesses auf die soziale Gemeinschaft hin ausgerichtet, also kommunikativ und interaktionell. Die intrapsychische und geistliche Dimension spielt dennoch weiter eine Rolle. Rituale der Anpassung und der Angliederung kennzeichnen diese Phase. Auf der sozialen Ebene stellt sich der neu Initiierte nun dar, macht sich bekannt, wirbt um Anerkennung und Vertrauen. Das eigene Können und die eigenen Erwartungen werden mit dem sozialen Umfeld abgestimmt. Das muss nicht konfliktfrei vonstattengehen. Auch hier besteht weiterhin die Gefahr des Scheiterns, und deshalb kann diese Zeit von entsprechenden Ängsten und Kränkungen gekennzeichnet sein (»Praxisschock«). Johannes vom Kreuz kann dazu als Beispiel gelten: Nach seinen intensiven Erfahrungen, unter anderem der »dunklen Nacht der Seele«, wurde er von seinem eigenen Orden abgelehnt und beinahe ausgeschlossen. Das »Ende der Nacht« beschreibt im Zusammenhang mit seinen Erfahrungen als Bild den Ausgang aus der Phase der *Marge*.

Oft empfinden wir die Krisenzeiten in unserem Leben ausschließlich als Katastrophe. Viele können aber zumindest im Rückblick diese Zeit auch als einen Wendepunkt sehen, der sie dazu eingeladen und motiviert hat, sich weiterzuentwickeln und die Krise als Chance zu entdecken. Dabei kann es hilfreich sein, sich für die Phasen der Abtrennung und der anschließenden Zeit »dazwischen« (der »Wüste«) einen Mentor oder Begleiter zu suchen, eventuell auch einen Supervisor oder Coach, der mehr Erfahrung als man selbst in dem ein oder anderen Lebensprozess oder Lebensabschnitt hat. Es müssen also nicht alle die gleichen Fehler machen, sondern man kann von den Erfahrungen der »Älteren« lernen und sich helfen lassen. Bei manchen Prozessen kann daher auch eine Gruppe oder Gemeinschaft hilfreich sein. Aufbrechen und sich auf den Weg machen, weitergehen auf dem Weg, das muss jeder selbst tun. In einer Gemeinschaft kann man sich jedoch gegenseitig ermutigen, durch die schwierigen Phasen hindurchzugehen, weil der Weg und vor allem das Ergebnis sich lohnen, nämlich ein neuer und lebendiger Mensch zu werden.

Das Ergebnis eines Initiationsprozesses als einer Umwandlung hängt also von der Fähigkeit des Einzelnen ab, den Zustand der Unsicherheit und Umstrukturierung so lange wie möglich auszuhalten, wie der Psychoanalytiker Hartmut Kraft meint. Das Ziel ist letztlich, so weit wie möglich im »Zwischen«, im Übergang zu leben, das heißt lebendig und offen zu bleiben beziehungsweise immer wieder lebendig und offen zu werden, um weiter zu wachsen, wie ein Baum, der jedes Jahr seinen neuen Ring ausbildet.

Die Symbolik von Initiationsprozessen

Die Symbolik von Initiationsprozessen findet sich am deutlichen ausgeprägt in sogenannten Stammesinitiationen. Sie ist hier oft noch im wahrsten Sinn des Wortes greifbar, das heißt, sie wird sozusagen am eigenen Leib erfahren. Im Folgenden beziehe ich mich vor allem auf Mircea Eliade, der sich als Religionswissenschaftlicher ausführlich mit den Phänomenen der Stammesinitiation auseinandergesetzt hat. Die Inhalte Initiation in den Pubertätsriten betreffen vor allem die Jungen und jungen Männer. In den Stammesinitiationen, die Eliade beschreibt, wurde und wird vor allem das Geheimnis und die Dramaturgie des Rituals betont. Die Wirksamkeit eines Ritus entsteht aus der Teilhabe an der reichen Fülle der ursprünglichen heiligen Zeit und ihrer Vergegenwärtigung. Eine periodische Wiederholung von Riten erneuert das religiöse Leben der Gemeinschaft.

Die Symbolik von Initiationsprozessen dreht sich um das Geheimnis von Tod und Auferstehung. Tod und Wiedergeburt oder Tod und Auferstehung werden in den Stammesinitiationen zum Teil in extremen Bildern oder Riten dargestellt, unter anderem durch unterschiedlichste Darstellung eines »Initiationstodes«. Ein solcher Tod kann zum Beispiel durch Decken symbolisiert werden, die über die Initianden gebreitet werden, als Bild für das Verschlungenwerden von einem göttlichen Wesen oder Ungeheuer. Dabei wird Lärm eingesetzt, einerseits, um dadurch einen »Heiligen Schrecken«

zu erzeugen, andererseits, damit sich der Initiand später besser daran erinnern kann. Weitere Elemente dieses Initiationstodes können der Ruf »Du musst sterben!« sein sowie das Ablegen aller Kleider und das Anmalen des Körpers mit weißer Farbe. Die rituelle Nacktheit bei diesen Initiationen hat einen doppelten symbolischen Wert: Einerseits bedeutet sie, den alten Menschen auszuziehen und auch sich nackt zu machen im Sinn von verletzlich und auch bar jeder Prägung. Andererseits beinhaltet die Nacktheit ein paradiesisches Element: Sie ist Zeichen für die ursprüngliche Spontaneität und Glückseligkeit und eine Aufforderung, die »Nacktheit der kleinen Kinder« zu teilen und sich wie kleine Kinder erziehen und führen zu lassen.

In komplexen Kulturen nimmt die dramatische Intensität der Szenarien zu, mit dem Ziel, die Erfahrung des rituellen Todes eindrücklicher vor Augen zu führen. Der Initiationstod kann als nicht hintergehbare Bedingung jeder geistigen Erneuerung betrachtet werden. Er stellt den Übergang zu einer neuen Seinsweise dar, zu einem »aus dem Geist geborenen« Wesen. Es ist ein mystischer Vorgang, der das Ziel hat, ein anderer zu werden, ein wirklicher Mensch, ein wahrer Mensch als geistiger (oder geistbegabter) Mensch, der nicht das Ergebnis eines natürlichen Vorgangs ist, sondern durch die alten Meister nach den Heiligen Vorbildern, in denen sich Gott offenbart hat, »gemacht« wird. Die sich dann vollziehenden Prozesse von mystischem Tod und mystischer Auferstehung gelten als bedingungslose Voraussetzung für solche tiefen Erfahrungen des Heiligen. Das Leiden ist Ausdruck des Initiationstodes und hat einen rituellen Wert. Ziel ist die geistige Verwandlung der einzuweihenden Person.

Durch die Erfahrung des rituellen Todes kann sich in den Stammesinitiationen die Heiligkeit des Blutes und der Sexualität offenbaren, also der Kampf um den Lebensunterhalt. Was hinter den Pubertätsriten bei Jungen steht, ist das Verständnis, nur dann wirklich zum Mann werden zu können, nachdem der ganze Umfang der menschlichen Seinsweise auf sich genommen wurde.

Der Initiand »wird allmählich von dem Übermaß an Kraft, die er durch die göttliche Gegenwart erworben hat, geheilt«, wie Mircea Eliade sagt, und »zu einem neuen geistigen Gleichgewicht geführt, zur Integration einer neuen Persönlichkeit«. Der Initiand hat eine solche Menge heiliger Kraft in sich aufgenommen, dass seine irdische Seinsweise in eine göttliche Seinsweise verwandelt wird. Die Pubertätsinitiation wird von »Spezialisten des Heiligen« vollzogen, von Männern mit einer gewissen religiösen Berufung, die selbst über eine tiefere religiöse Erfahrung verfügen.

Dramatischer noch als das Überwerfen von Decken ist das Geschehen, wenn die Symbolik noch etwas weiter geht und man im Bild darstellt, von einem »Meeresungeheuer« verschlungen zu werden oder in eine »Unterwelt« hinabsteigen zu müssen. Dann gehören zum Initiationstod der gefährliche Abstieg in eine Grotte oder Spalte eines Berges. Dadurch gelangt der Initiand dann sozusagen in eine andere Welt. In diesem Zusammenhang gibt es auch die Praxis, dass der Initiand durch einen »paradoxen Durchgang« gehen muss, also zwischen zwei Mühlsteinen oder Felsen hindurch, über eine Brücke oder einen schmalen Pfad von einer Seite auf die andere. Ein solcher Weg dient dem Zugang in einen transzendenten Zustand, in die Unsterblichkeit.

Das »Meeresungeheuer« kann ein Krokodil, ein Walfisch oder allgemeiner ein dicker Fisch sein, wie das beispielsweise auch in der Geschichte vom Propheten Jona nachzulesen ist, der von einem solchen verschlungen wird und drei Tage in dessen Bauch bleibt, ehe ihn der Fisch wieder an Land spuckt. Der Tod des Initianden symbolisiert seine Rückkehr in den embryonalen Zustand. Diese Rückkehr ist aber nicht als eine Wiederholung der mütterlichen Schwangerschaft und der Geburt zu verstehen, sondern eher als ein vorübergehendes Zurückgehen in die vorkosmische, durch Nacht und Finsternis symbolisierte Welt, auf das eine Wiedergeburt folgt, die wie eine (Neu-)Schöpfung der Welt zu verstehen ist.

Das Motiv des Verschlungenwerdens taucht auch in der Symbolik auf, die hinter einer Initiationshütte steht, die afrikanische Stämme im Busch oder Wald errichten. Man fühlt sich an Volksmärchen wie zum Beispiel »Hänsel und Gretel« erinnert, in denen ebenfalls eine solche Hütte die zentrale Rolle spielt und in der ebenfalls Wandlung geschieht. Dieses Bild der Hütte im Wald knüpft nach der Ansicht von Psychologen an archetypische Bilder an. Der Busch symbolisiert die kosmische Nacht, den Tod und ungenutzte Möglichkeiten, die Hütte den Bauch des verschlingenden Ungeheuers, in dem der Initiand »zermalmt« und »verdaut« wird, der aber auch als nährender Schoß zu verstehen ist, in dem er von Neuem gezeugt wird. Diese Bilder zeigen das immer wiederkehrende Psychodrama eines plötzlichen Todes, auf den eine Wiedergeburt folgt. Die symbolische Regression zu Chaos, Tod und Vernichtung als Vorbedingung der Wiedergeburt funktioniert nur, wenn ältere Männer mit großer (absoluter) Autorität als Garanten und Sicherungsmechanismus (neben den Ritualisierungen) für dieses tief aufwühlende Erlebnis stehen.

Wenn die Initiationsriten das Motiv des Abstiegs in eine Spalte, eine Höhle beinhalten, wird damit das lebendige Hinabsteigen in unterirdische Tiefen beziehungsweise in die »Hölle« symbolisiert. Aber auch das beinhaltet zweierlei Aspekte: Zum einen meint es eben den Abstieg als *»descensus ad inferos«*, wie es sogar im christlichen Glaubensbekenntnis über Christus heißt: »Hinabgestiegen in das Reich des Todes«. Zum anderen ist auch hier eine zweite Geburt aus dem Schoß der Mutter Erde mitgemeint. Der Abstieg in die Hölle und der Aufstieg in den Himmel gelten als verschiedene religiöse Erfahrungen. Das Jenseits ist die Stätte, an der Wissen und Weisheit zu finden sind. Um in die »andere Welt« zu kommen, müssen die Schwierigkeiten des Übergangs oder Gefahren des Durchgangs gemeistert werden. Der meist paradoxe Übergang ist nur durch einen Akt des Geistes möglich. Das bringt zum Ausdruck, dass damit eine Änderung der Seinsweise verbunden ist. Zudem bedarf es einer Bewusstwerdung, dass die Gegensätze aufgehoben werden müssen. Deshalb wird in den Erzählungen von diesen schwierigen Übergängen auch häufig von einem Schutzgeist berichtet, der den Initianden zur Seite gestellt wird. In der christlichen Überlieferung kann man hier an Jesu Taufe mit dem Heiligen Geist denken, der ihn schließlich in die Wüste führte. Dort wurde er in Versuchung geführt und geprüft, aber schließlich dienten ihm dort die Engel (vgl. Markus 1,12–13 und andere Stellen).

Der wichtigste Augenblick eines Initiationsritus ist jedoch die Rückkehr der Initianden aus dem Busch oder der Spalte, dem »Bauch des Fisches« oder was immer er als »Nacht«, »Tod« und »Dunkelheit« erlebt hat. In vielen Stammesriten steht dann der Eintritt des Initianden in das Kulthaus an, das den Kosmos symbolisiert.

Die Initiation der Mädchen ist in den Stammes- wie in den übrigen Gesellschaften unserer Erde weniger ausgebildet und ausgearbeitet und verläuft individueller. Die weibliche Initiation beginnt mit der ersten Menstruation als naturbedingtes Geheimnis in Verbindung mit periodischer Reinigung, Fruchtbarkeit, Heilkraft und magischer Kraft. Die Menstruation markiert gleichzeitig den Bruch zwischen Kindheit und erwachsener Frau.

In den Stammesgesellschaften findet man bei den weiblichen Initiationsriten jedoch auch ähnliche Motive wie in den männlichen: Auch hier erfolgt eine Isolierung im Wald in einer Hütte, in der »Finsternis«, wo die Mädchen dann Lieder, Tänze und Handarbeit erlernen. Auch hier herrschen Nahrungsverbote, es gibt besondere Kleidung für diesen Anlass und rituelle Bäder. Zum Teil tragen die Mädchen männliche Kleider als Ausdruck der Androgynie, das heißt, dass die weiblichen und männlichen Anteile sich hier vereinigen.

Eines der Grunderlebnisse für die Mädchen ist es, in Beziehung zum Geheimnis des Blutes zu kommen. Ziel ist, sich der natürlichen Veränderung bewusst zu werden und die Seinsweise der erwachsenen Frau auf sich zu nehmen.

Eine Initiation erfolgt durch ein Nachgehen, eine »Nachfolge« der mythischen Reisewege, die vom Tod zur Auferstehung führen. Im christlichen Kontext bezieht sich das auf die »Nachfolge« und Nachahmung des Weges Jesu insgesamt, vor allem auf die Feier der Heiligen drei Tage in der Karwoche oder auch besonders auf das Nachgehen seines Kreuzweges.

In den christlichen Initiationsriten der Taufe, der Firmung und der Kommunion geht es ebenfalls um die Symbolisierung von Tod und Auferstehung. Paulus weist in seinem Brief an die Römer auf den Initiationszusammenhang hin: »Wisst ihr denn nicht, dass wir alle, die wir auf Christus Jesus getauft wurden, auf seinen Tod getauft worden sind? Wir wurden mit ihm begraben durch die

Taufe auf den Tod; und wie Christus durch die Herrlichkeit des Vaters von den Toten auferweckt wurde, so sollen auch wir als neue Menschen leben. Wenn wir nämlich ihm gleich geworden sind in seinem Tod, dann werden wir mit ihm auch in seiner Auferstehung vereinigt sein. Wir wissen doch: Unser alter Mensch wurde mitgekreuzigt, damit der von der Sünde beherrschte Leib vernichtet werde und wir nicht Sklaven der Sünde bleiben. Denn wer gestorben ist, der ist frei geworden von der Sünde. Sind wir nun mit Christus gestorben, so glauben wir, dass wir auch mit ihm leben werden« (Römer 6,3–8).

Eine andere Stelle im Neuen Testament weist auf einen Zusammenhang der Initiation im Christentum mit dem Thema der Wiedergeburt hin: »Jesus sagte: Amen, amen, ich sage dir: Wenn jemand nicht *von Neuem geboren* wird, kann er *das Reich Gottes* nicht *sehen*. Nikodemus entgegnete ihm: Wie kann ein Mensch, der schon alt ist, geboren werden? Er kann doch nicht in den Schoß seiner Mutter zurückkehren und ein zweites Mal geboren werden. Jesus antwortete: Amen, amen, ich sage dir: Wenn jemand nicht *aus Wasser und Geist geboren* wird, kann er nicht *in das Reich Gottes kommen*. Was aus dem Fleisch geboren ist, das ist Fleisch; was aber aus dem Geist geboren ist, das ist Geist.« (Johannes 3,3–6)

Es geht also im Christentum auch um eine Wiedergeburt aus Wasser und Geist. Der Mensch soll im Geheimnis des Wassers – der Taufe – wiedergeboren werden, um in das Reich Gottes, das ge-

genwärtige Reich der Liebe und des Lichtes zu gelangen. Das weist darauf hin, dass sich das Geheimnis von Tod und Auferstehung jetzt schon an-
fanghaft auch an uns ereignen will – als Tor zum
neuen Leben.

Initiation und Psychotherapie

Die christliche Religion scheint sich in der heutigen Zeit eher schwer damit zu tun, ihre traditio-
nellen Wege der Rückkehr in die Einheit zu vermit-
teln beziehungsweise als Lebensmodelle so anzu-
bieten, dass sich viele Menschen darauf einlassen
können und möchten.

Während die moderne Welt keine eigentlichen
religiösen Erfahrungen mehr zu bieten scheint,
sind in ihr dennoch verborgene Mythologien und
Fragmente einer vergessenen oder abgewerteten
Religion auszumachen und wieder zu entdecken:
die Struktur der Symbole, der Riten und Mythen
ist indirekt noch bewahrt, zum Beispiel in der Fan-
tasiewelt, in Traumerlebnissen, in der Seele. Diese sind durchdrungen von religiösen Symbolen,
Gestalten und Themen. Initiationselemente lassen
sich auch heute noch in den typischen Prüfungen
des Lebens, in geistigen Krisen, in der Einsamkeit
und in der Verzweiflung ausmachen. Solche Phasen und Prüfungen muss jedes menschliche Wesen
bewältigen, um zu einem verantwortungsbewuss-
ten, echten und schöpferischen Leben zu gelangen.

Selbst wenn der Initiationscharakter der Prüfungen nicht mehr verstanden wird, ist es deshalb nicht weniger wahr, dass der Mensch nur zu sich selbst findet, nachdem er eine Reihe äußerst schwieriger, ja sogar gefährlicher Situationen gemeistert hat, das heißt, nachdem er die »Torturen« und den »Tod« sowie das nachfolgende Erwachen zu einem anderen, qualitativ verschiedenen, weil erneuerten Leben erfahren hat. Jedes menschliche Leben wird durch eine Reihe von Prüfungen, durch mehrfachen »Tod« und »Auferstehung« gebildet. Initiationsszenarien – vor allem auf dem vitalen und psychologischen Gebiet – sind zudem weiterhin wirksam, weil der Vorgang der Initiation zu jeder menschlichen Lage gehört.

Daher können Formen der Psychotherapie als (Teil-)Prozesse der Initiation angesehen werden. Carl Gustav Jung spricht im Rahmen seiner Archetypenlehre deshalb auch vom »Archetyp der Initiation«, der sich eben auch im psychotherapeutischen Bereich mit ähnlichen Abläufen und gleichbleibenden Reaktionsformen zeigt. Hier kommt es immer wieder zu Trennungen von alten Lebensgewohnheiten, Sicherheiten und in diesem Zusammenhang auch von alten Bekanntschaften. Der Preis solcher Trennungen ist unter anderem der Gang in die Einsamkeit, in der eine neue Orientierung von innen her erfolgen kann. In der Phase des Übergangsprozesses kommt daher eine große Sehnsucht nach Hilfe und Begleitung auf, eventuell auch nach einer neuen Heimat. Nach dem Rückzug und der begleiteten Einkehr kann wieder ein neues berufliches (oder auch privates) Engagement erfolgen.

Das zentrale Thema jeder *Marge* ist, eine Identifikation zu opfern und sich von einem Teil seines Selbst zu trennen, um sich weiterentwickeln zu können. Das Szenarium des Abstiegs in die Tiefen der Psyche, verschiedenste Prüfungen und eine gelungene Analyse als Integration der Person zeigt Ähnlichkeiten zu einer geistigen Verwandlung in einer echten Initiation. Der therapeutische Prozess findet nach der Trennung in einer Zwischenphase statt. Hier geht es allerdings vor allem um die zweite Phase der Initiation, die Phase der Neuorganisation, in der das neue Selbst, die neue Identität wieder aufgebaut wird. Die Phase der Desintegration, in der das alte Selbst und die alte Identität zerstört wurden, ist so gesehen schon vorüber, sie ist der Grund, warum sich ein Mensch in Therapie begibt. Allein die Umdeutung einer Krankheit und Krise als »notwendiger« Wandlungsprozess, als eine »Krise der Initiation« hilft zu einer wirksamen psychischen Entlastung. Im geschützten Rahmen der Therapie und im Rahmen dieser »Initiationskonzeption« darf das Ich des Betroffenen »zusammenbrechen« – aus eigener Sicht wie auch aus der Sicht des Therapeuten und des verständigen Umfeldes. Der Klient erfährt gerade dadurch Zuwendung und Nähe. Der quälende Prozess, in dem sich das Ich mit seinen bisherigen Bewältigungsmechanismen überfordert gefühlt hat, verbunden mit dem Abschied von alten Selbstdefinitionen, der Angst und Ungewissheit vor der neuen Identität, kann so nach und nach zu einem Ende kommen. Durch die Begleitung und die Einordnung dieses Prozesses in das soziale Muster der Initiation kann es zu einer schrittweisen Reorganisation des Ichs beziehungsweise Selbst kommen. Nach der Strukturtheorie der Psychoanalyse geht das Ich des Initianden gestärkt aus der Krise hervorgeht. Wie können und müssen nun Initiationen praktisch aussehen und gestaltet werden, wenn sie zu einem Tor des Lebens werden sollen?

Initiation – Tor zum Leben

Was geschieht in einer Initiation, dass sie zu einem Tor des Lebens werden kann? Ich werde hier
im Folgenden einige Beispiele nennen, wie gewisse Übergänge in unserem Leben bewusst gestaltet
werden können.

Initiationen, also gestaltete Übergänge, die zu
höheren Lebens- oder Bewusstseinsstufen führen,
gab und gibt es in allen gegenwärtigen Religionen,
in neuen religiösen Bewegungen, in den Pubertäts-
und Stammesinitiationen, in den antiken Mysterienkulten, in modernen Männerinitiationen der
Männerbewegung, in der Psychotherapie und anderem. Ziel all dieser Riten ist eine vollkommene
Teilnahme am Heiligen. Der Weg führt, wie bereits gesagt, über einen Abstieg in die »Unterwelt«,
wo der Initiand sich von aller Angst im Augenblick
des Todes befreien soll. Unterstützt wird dieser
Prozess durch ein zeremonielles Eindringen in einen geweihten Raum. Darin kann sich ein Aufbrechen der Ebenen vollziehen und der Initiand zur
transzendenten Seinsweise gelangen. Dies ist ein
Vorgang der Befreiung, der Vergöttlichung des
Menschen als wesentlichstes Moment der Initiation.

Als nichtreligiöse Beispiele von Initiationen wäre zum Beispiel der Ritterschlag, die Jugendweihe (vor allem in Ostdeutschland), die den Übergang vom Jugendlichen zum Erwachsenen darstellt, Initiationen in Studentenverbindungen oder in Jugendbanden als Mutproben zu nennen. Auch die weltlichen Beispiele an Übergangs- und Initiationsriten haben die oben schon beschriebene Struktur (Trennung – Zwischenzustand – Wiedereingliederung). Sie enthalten zwar nicht alle (Tiefen-)Dimensionen im geistlichen Sinn wie zum Beispiel ausdrücklich religiöse Riten, aber sie erfüllen ebenfalls einen bestimmten Zweck: Sie helfen den Menschen, von einem Zustand oder Status in einen anderen zu wechseln. Auch hier finden sozusagen kleine Abschiede vom und »Tode« des Alten statt, auch hier gibt es »Zwischenzustände« und Geburtsprozesse, die es zu bestehen und zu durchleiden gilt. Im bewussten Erleben eines Überganges kann die Veränderung leichter verarbeitet werden. Manchmal reicht es auch, in einer Initiation die normalen, zum Leben und Lebensprozess gehörenden Schwierigkeiten einfach einmal bewusst zu machen. So können diese auch leichter ertragen werden. Im Wissen um diese Übergänge und vorhandener Rituale, die helfen, diese zu gestalten, kann man bei einer anstehenden Veränderung oder einem anstehenden Wechsel entsprechende Maßnahmen treffen, dass man sich zum Beispiel Hilfen und Begleitung von außen, von erfahrenen (älteren) Menschen holt, die einen in der Übergangszeit, im Rollenwechsel begleiten.

Diese zum Teil nur innerpsychischen Loslösungs-
prozesse sind oft schmerzhaft und manche erleben
diese Zeiten wie ein Zerrissen- oder Zerstückelt-
werden. Sie können aber auch tief berühren und
letztendlich in eine größere Freiheit und in einen
tiefen inneren Frieden führen.

Ausgewählte Beispiele für »weltliche Übergänge«

Die »Bamsentaufe« als ein Initiationsritus für den Schulwechsel

Die sogenannte »Bamsentaufe« ist ein Beispiel, wie
der Übergang von der Grundschule zum Gymna-
sium, in diesem Fall das Egbert-Gymnasium der
Abtei Münsterschwarzach, gestaltet werden kann.
(Die Herkunft des Wortes »Bams« für den neuen
Fünftklässler beziehungsweise des Wortes »Bam-
sentaufe« ist nicht ganz klar. »Bams« könnte für
Kleinkind stehen – in Anklang an das dänische
Wort »bamse« = »Teddybär«. Die Fünftklässler
sind am Gymnasium eben die Jüngsten.)

Die »Bamsentaufe« selbst ist ein Modul eines
bewusst gestalteten Überganges, eingebettet in andere Elemente, die die dabei entstehende Unsicher-
heitsphase abmildern helfen sollen. Am Tag der
offenen Tür im Februar oder März eines Jahres
können sich die Eltern und die dann noch Viert-
klässler über die Schule informieren und an eini-

gen Aktionen der Schule, die für diesen Tag vorbereitet werden, teilnehmen. Dann gibt es einen gestalteten Kennenlerntag im Juli, an dem sich alle zukünftigen Schüler und Schülerinnen mit ihren Eltern treffen. Hier gibt es weitere Information, man kann erste Kontakte knüpfen, es wird eine kurzweilige Klosterführung angeboten, anschließend wird gemeinsam gespielt. Gleich am Freitag der ersten Schulwoche findet dann die »Bamsentaufe« statt.

Im Vorfeld werden aus der sechsten Klasse Kinder aus dem Tagesheim ausgewählt, die für die neuen Schüler »Taufpaten« sein wollen und dürfen. Bei einem gesonderten Treffen werden sie vom Schulseelsorger in der Schulkapelle in diese verantwortungsvolle Aufgabe eingeführt. Für die »Bamsentaufe« selbst werden im Innenhof des Egbert-Gymnasiums auf einer Wiesenfläche zwei große Wannen mit Wasser aufgestellt. Mit einer silbernen Schöpfkelle wird dem neuen Fünftklässler Wasser über den Kopf gegossen, begleitet von den Worten: »Ich taufe dich auf den Namen ‚Bams‘.« Damit ist der Fünftklässler in die Schulgemeinschaft beziehungsweise Schulfamilie aufgenommen. Anschließend gehen alle »Bamsen« mit ihren Paten zum Eis essen und zum Spielen.

Ein weiteres Element, das das Ankommen in der neuen Schule und Gemeinschaft erleichtern soll, ist der sogenannte »Ankommenstag«. Hier steht dann auch das konkrete Lernen in einer Klosterschule im Zentrum. Daher gibt es eine weitere Führung innerhalb des Klostergeländes und der

Schule. Gemeinsam besteigt man den Glockenturm und besichtigt die Abteikirche. Auch das hilft dabei, sich gegenseitig kennenzulernen und Vertrauen aufzubauen. Man spielt miteinander und begibt sich gemeinsam auf eine Nachtwanderung. Der Tag wird mit einer kleinen Gebetseinheit in der Krypta der Abteikirche abgerundet. Die Bamsen sollen sich in ihrem neuen Lebensraum Schule wohlfühlen – dies ist eine Voraussetzung, damit sie ihre je eigenen Fähigkeiten und Gaben entfalten können.

Die Äquatortaufe als Beispiel für einen räumlichen Übergangsritus

Die Äquatortaufe gilt zwar als ein Initiationsritus, ist jedoch keine Taufe in einem religiösen Sinn. Ihren Ursprung hat sie, als die Portugiesen auf ihren Entdeckungsreisen den Äquator überquerten und mit diesem Ritual ihre Angst vor dem Tod beziehungsweise dem unbekannten Raum, den weißen Flecken auf der Landkarte überwinden wollten. Die Äquatortaufe wird heute auch Linien- oder Neptunstaufe genannt. Sie ist bei Seeleuten üblich, wenn ein Besatzungsmitglied oder ein Passagier zum ersten Mal auf dem Seeweg den Äquator überquert. Der Täufling wird mit Fischöl, Rasierschaum und anderen übel riechenden Essenzen »eingeseift«. Danach wird der Täufling von einem als Neptun verkleideten Mannschaftsmitglied gebadet und »gereinigt« und erhält einen see- oder wetterbezogenen Scherznamen. Diese Art von Ritus wird zum Teil auch in Kinderferienlagern als Neptunfest gefeiert.

Ausgewählte Beispiele für religiöse Übergänge

Unsere tiefste Sehnsucht ist, in die reine Gegenwart und Präsenz und in die Einheit mit sich selbst als Körper, Seele und Geist, mit den Menschen, mit der Schöpfung und mit Gott zu kommen. Hier setzt die Initiation an: Sie möchte den Weg dorthin aufzeigen und zum Ziel dieser Einheit führen. Die Frage, die dem Geschehen der Initiation zugrunde liegt, ist die nach der eigenen Identität: Wer bin ich? Bin ich nur das, was ich von mir kenne, oder bin ich nicht doch noch mehr? Unsere Sehnsucht weiß es besser. Sie weiß um unseren göttlichen Kern und um die Unsterblichkeit unserer Seelen. Sie weiß um unsere Einheit mit Gott, die bereits besteht, die aber noch nicht ganz im vollen Bewusstsein und vollzogen, gelebt ist. Wir sind menschlich und göttlich – wie es von Jesus Christus beschrieben wird und wie es für uns als die Geschwister Jesu gilt. Wir haben wie er zwei Naturen – die menschliche und die göttliche, die unvermischt und ungetrennt bestehen, die voneinander durchdrungen sind, aber nicht ineinander aufgehen. Wie kommen wir also in diese Erfahrungen der reinen Individualität, Einzigartigkeit,

Ursprünglichkeit und gleichzeitigen Einheit und
Verbundenheit mit allen und allem?

Die Initiationssakramente Taufe, Firmung und
Kommunion – zur Einführung in das mensch-
lich-göttliche Leben

Wie jede Religion lehrt auch das Christentum einen Weg, um in diese tiefere Einheit zu gelangen.
Hier besteht er aus drei Initiationssakramenten:
der Taufe, der Firmung und der Kommunion.

Die Vorbereitung auf die Taufe dauerte in der
christlichen Urkirche bis zu drei Jahren. Hier ging
es nicht nur um das Vollziehen irgendeines Ritus,
sondern um eine Veränderung des ganzen Lebens-
stiles und dessen Einübung im Alltag. Im sogenannten Katechumenat, der Vorbereitungszeit der
Taufe, setzten sich die Taufbewerber intensiv damit auseinander, was es heißt, ein »Leben in Jesus
Christus« zu führen. Der Katechumenat hatte
mehrere »Stufen«, bei denen man jeweils durch
verschiedene Riten auf die nächsthöhere gelangte.
Diese ganze Zeit kann als Übergangszeit (*Marge*)
verstanden werden, in der immer wieder Trennungsriten, Reinigungs- und Verwandlungsriten
und Eingliederungsriten gefeiert wurden. Den
Hauptritus bildete schließlich die Taufe selbst: Mit
einem Trennungsritus zum alten Leben hin und einer Öffnung zum neuen göttlichen »Leben in
Christus« begann und beginnt zum Teil heute noch
der Ritualzyklus der Taufe. Man wandte sich bewusst vom Westen ab, der in der Urkirche als Sinn-

bild für alle Verhaftungen und Abhängigkeiten stand, und wendete sich mit dem ganzen Körper Richtung Osten, dorthin, wo die Sonne aufgeht, wo Christus, der neue Mensch, im Täufling Gestalt annehmen will. Vor dem Eintritt ins Taufbecken wurden die Kleider abgelegt – auch hier wieder ein Trennungsritus –, was symbolisch für das Ablegen des alten, unfreien Menschen stand. Die alten Kleider, die alte »Schleppe« mit allen Erfahrungen wurden abgelegt – man machte sich frei für das neue »Leben in Gott«. In diesem Sinn kann das Taufbecken als Grab gesehen werden, in das man sein bisheriges Leben ablegte und in dem man den »Initiationstod« starb, gleichzeitig oder anschließend aber auch als Mutterschoß, in dem das neue Leben geboren wird. Das Wasser dient der (spirituellen) Reinigung oder der »Abtötung« des bisherigen Lebens, aber auch als »Fruchtwasser«, in dem das neue Leben wachsen und aus dem es geboren werden kann. In der Taufe sind also alle Elemente einer Initiation bereits enthalten.

Nach dem Ablegen der Kleider stieg der Täufling also ins Wasserbecken und wurde dann drei Mal ganz untergetaucht: einmal in das Wesen von Gott-Vater hinein, einmal für die Verbundenheit mit Jesus Christus als Gottes Sohn und einmal, um auch mit dem Heiligen Geist verbunden zu werden. Dieses Hineingetaucht- und Hineingetauft-werden in die drei Gegenwartsweisen Gottes können wir uns vorstellen wie drei verschiedene und doch miteinander verbundene »Lichtwolken«, die um den Täufling gelegt werden. Diese Verbundenheit im Licht- oder Himmelreich Gottes wurde und wird anschließend durch eine Salbung und die Handauflegung des Bischofs besiegelt und verstärkt. Gleichzeitig drückt diese Handlung des Bischofs auch die Verbundenheit mit der Ortskirche beziehungsweise Weltkirche aus.

Gegenwärtig hat der Initiationszyklus in der katholischen Kirche die Reihenfolge Taufe – Kommunion – Firmung. Die Einführung in das neue Leben endet damit also mit der Firmung. Mit ihr sollen die jungen Menschen sich selbst zu einem Leben verpflichten, das dem Guten und Heiligen in ihrem Inneren, also aus der Quelle Gottes entspringt, und so in Freude Frucht bringen.

Die Feier der Eucharistie wird heute von vielen Menschen eher als schwierig erlebt. Dabei wird darin häufig Bezug genommen auf dieses eben genannte Initiationsgeschehen. Wenn allerdings die Elemente von Taufe und Firmung nicht im Bewusstsein voll mitvollzogen worden sind, dann fehlt es verständlicherweise an einem inneren Zugang zu diesem Dreischritt, den diese Sakramente eigentlich darstellen. Das Katechumenat und schließlich die Taufe waren daher in der Urkirche lange auch nur Erwachsenen möglich. Kindern fällt es verständlicherweise schwer, die dahinterstehenden Initiationsprozesse zu begreifen und wirklich mitzuvollziehen, weil sie Krisenerfahrungen zwar auch kennen, aber nicht in der Weise wie Erwachsene die Symbolik deuten und die bewusste Entscheidung zu einem neuen Lebensabschnitt treffen können. Die Eucharistie kann daher wohl nur dann zur Quelle werden, wenn der innere Mitvollzug bewusst an die eigenen Initiationserfahrungen mit ihren Initiationselementen anschließt. Da dies häufig nicht möglich ist, bräuchte es hier vertiefende initiatische Erfahrungen, die diesen Zugang ermöglichen. Durch lebendig werdende Erinnerungen könnte die Eucharistie wieder ihre ursprüngliche Kraft und Funktion entfalten: wirkliche innere und äußere Gemeinschaft zwischen den Menschen und Gott zu spenden und damit in einen tiefen inneren, göttlichen Frieden zu führen.

Übergangsrituale bei Trauung und Hochzeit

Der Übergang vom Single-Dasein in eine Lebensgemeinschaft ist auch heute noch ein wichtiger Übergang im Leben eines Menschen. Er wird meistens von vielen Riten begleitet. An einem Abend nicht allzu lange vor der Trauung feiert man oft gemeinsam einen so genannten Junggesellenabschied, bei dem der Zustand des Junggesellenseins noch einmal gefeiert beziehungsweise dann verabschiedet und auch betrauert wird. Früher galt dies nur für den Bräutigam, daher auch Junggesellenabschied. Heute feiert die Braut oft ebenfalls einen »Junggesellinnenabschied«. In der Bedeutung sind jedoch beide Feiern gleich: Der alte »Zustand« soll losgelassen werden, daher ist eine solche Veranstaltung auch als Trennungsritus zu verstehen.

Ein anderer Trennungsritus, der meist zeitlich noch näher an der Hochzeit liegt, ist der sogenannte Polterabend, bei dem im Kreis der Freunde und

Familie die manchmal kurz vor der Eheschließung auftauchenden Unsicherheiten und Ängste vertrieben werden sollen. Fragen tauchen auf: Ist sie oder er wirklich die/der Richtige? Soll ich wirklich eine derartige Lebensentscheidung treffen?

Bei der Trauung selbst wird das Brautpaar dann quasi durch die Abläufe und Rituale im Gottesdienst hindurch- oder hinübergetragen. Dem entspricht das Stadium der *Marge*, hier findet das eigentliche Wandlungsgeschehen statt. Die Gemeinschaft steht dabei unterstützend, ermutigend und helfend an der Seite des Brautpaares. Wenn beide sich im Gottesdienst das Eheversprechen geben, stehen die Trauzeugen zur Stärkung neben ihnen. Manchmal legen die Trauzeugen dazu auch eine Hand auf die Schulter des Bräutigams beziehungsweise der Braut, ähnlich wie bei der Firmung. Viele Brautleute nehmen sich bereits vor der Trauung Urlaub, damit sie sich auf den »Übergang« in die andere Lebensform bewusst vorbereiten können und nicht durch alle möglichen anderen Dinge abgelenkt sind. Anschließend an Trauung und Hochzeitfeier planen die meisten die Flitterwochen, um das ganze Geschehen verinnerlichen zu können, die Seele nachkommen zu lassen, den neuen Zustand der Ehe zu begreifen. Nach einer solchen »Zwischenzeit« der Flitterwochen gilt es, das Leben in Beziehung in den Alltag zu integrieren. Das entspricht im Initiationsgeschehen der Phase der *Agrégation*, der Wiedereingliederung mit dem neuen Status.

Ein persönlicher Initiationsweg

Um das oben Gesagte nun an einem ganz konkreten Fall einmal deutlich werden zu lassen, möchte ich an dieser Stelle etwas über meinen eigenen Initiationsweg ins Klosterleben berichten.

In meiner Kindheit und Jugend waren für meine Identitätsentwicklung und im Zusammenhang mit der Initiationsthematik – Ablösung und Trennung vom Alten, Neu-Orientierung und Integration von neuen Lebenszusammenhängen und Beziehungen – für mich zwei Wohnortwechsel und zusätzlich zwei Schulwechsel prägend. Bei beiden Umzügen musste und konnte ich lernen, dass meine Identität nicht an einen bestimmten Ort gebunden war. Meine christliche Initiation erfolgte im »normalen« Rahmen: Taufe als Kleinkind, Erstkommunion, Firmung. Nach der Erstkommunion wurde ich Ministrant, mit sechzehn Jahren Oberministrant und Leiter von Kinder- und Jugendfreizeiten. In der dreizehnten Klasse hatte ich eine tiefere religiöse Erfahrung, als wir das Evangelium vom Weg nach Emmaus lasen und besprachen. Als ich die Worte der Schrift hörte: »Brannte uns nicht das Herz in der Brust, als er unterwegs mit uns redete und uns den Sinn der Schrift erschloss?« (Lukas 24,32), wirkten sich diese wirklich so aus, dass mein Herz zu »brennen« anfing. Seit diesem Augenblick war ich für den Religionsunterricht und die religiösen Inhalte »aufgewacht« und auch innerlich stark interessiert. Es hatte sich ein Stück Wahrheit davon in meinem eigenen Herzen ereignet.

Nach dem Abitur absolvierte ich meinen Zivildienst in München – für mich ein wichtiger Schritt der Ablösung hinein in die Selbstständigkeit. Das war eine wichtige Zeit für mich, ein wenig so, als hätte sich die Glaubenswahrheit verwirklicht: »Zieh weg aus deinem Land, von deiner Verwandtschaft und aus deinem Vaterhaus, in das Land, das ich dir zeigen werde. [...] Ein Segen sollst du sein. [...] Da zog Abraham weg« (vgl. Genesis 12,1–4). In der Sprache der Initiation: Ich befand mich in der Phase der Trennung, auf die die Phase des »Zwischen« in München folgte.

Im Rahmen eines Angebotes der Zivildienstseelsorge besuchte ich einen Kurs in Kontemplation, also einer bestimmten Weise der Meditation. Wesentlich ging es dabei um das Sitzen in der Stille, das Achten auf den Atem, besonders auf das Ausatmen, verbunden mit dem Wort »Gott« oder »Du«. Dazwischen gab es Entspannungsübungen und Spaziergänge. Für mich war es eine verblüffende Erfahrung, wie körperlich spürbar Gebet sein kann. Beim stillen Sitzen am Boden spürte ich in den Händen ein »Fließen« – die Hände und die sonst kalten Füße wurden warm, ja der ganze Körper erfüllte sich mit einer angenehmen Wärme. Das Herz wurde weit und leicht. Hier überkam mich die Erkenntnis, dass der christliche Weg sowohl äußerliche Ausdrucksformen kennt als auch Formen, die einen innerlichen Weg zu Gott lehren.

Am Ende des Zivildienstes entschloss ich mich, für fünf Tage ins Schweigen zu gehen, um innere Klarheit zu bekommen, was ich, vor allem beruf-

lich, in Zukunft mit meinem Leben anfangen sollte. Als Begleitlektüre, die mich aus einem Regal
heraus ansprach, las ich das Buch »Ich hörte auf
die Stille« von Henri J. M. Nouwen. Es war die
Verbindung zwischen den menschlichen, theolo-
gisch-spirituellen und psychologischen Themen,
die mich daran faszinierten. Als ich mich in die
Lektüre vertiefte, durchfuhr es mich plötzlich. Ich
spürte: Ja, das ist bei mir auch so. Ich entschied
mich in diesem Moment für das Theologie- und
Psychologiestudium. Ich wollte Pastoralreferent
werden.

In der Zeit zwischen Zivildienst und Studium
las ich »Siddharta« von Hermann Hesse. Die Lektüre half mir zu verstehen, dass es in jeder Religion darauf ankommt, sich selbst auf den Weg, auf
die Suche zu machen – nicht, um einfach alles hinter sich zu lassen, aber um das Hintergründige,
hinter den Wörtern stehende, nur in ihnen gespei-
cherte lebendige Leben selbst zu entdecken, das
heißt Gott selbst zu entdecken und zu erfahren,
und nicht am Wegweiser der Begriffe und der Leh-
re stehen zu bleiben. Hermann Hesse war ein
Grenzgänger zwischen den verschiedenen Kulturen und Religionen. Als solcher konnte er nach
dem Verbindenden zwischen den Religionen suchen und Übersetzungsarbeit leisten. Das hat mich
fasziniert.

Ein wichtiges Erlebnis in Bezug auf meine Initiation hatte ich in der Anfangszeit meines Studiums. Ich saß in der Bibliothek und las im Nach-
gang zur Vorlesung über die Kreuzestheologie, als

ich plötzlich sehr stark ergriffen und berührt wurde. Es war ein Gefühl von Liebe, von Weite bis in das Universum hinein. Es war das Gefühl, dass »Es mich atmet«, dass ich angebunden bin an ein Atmen des Kosmos. Ich war etwas überfordert mit dieser Erfahrung und ging nach Hause. Das Gefühl von Ergriffenheit hielt noch lange an.

Die Praktische Theologie bildete sicherlich den Schwerpunkt meines Studiums. Neben den Vorlesungen, Seminaren und Reflexionen waren es dann auch die ganz praktischen Angebote des Lehrstuhls und auch praktisch-theologische Angebote außerhalb der Universität, die ich in Anspruch nahm. Darin drückte sich für mich immer auch die Sehnsucht nach gelebtem Glauben und Erdung der Theologie aus.

Angeregt durch die jungen Benediktiner, die mit mir in Würzburg Theologie studierten, nahm ich 1998 an meinem ersten Osterkurs für Jugendliche und junge Erwachsene in der Abtei Münsterschwarzach teil. Die Liturgie der Heiligen drei Tage selbst empfand ich besonders intensiv. So hatte ich das zuvor noch nie erlebt. Das Beten und Singen, die Liturgie der Ostertage und die Vertiefungselemente der Kleingruppe im Jugendkurs führten mich mehrmals stark in die »Dynamik nach unten« – und wieder nach oben, also in das eigene Dunkel und wieder hinaus, hinauf ans Licht. Die Liturgie und die Psalmen zeichnen diesen Weg genau vor. Es war wie ein Eintauchen in tiefere Lebensschichten, die sich durch den Gesang und das Gebet mit Licht erfüllten. Damals entschied ich mich, den christlichen Weg weiter und tiefer fortzusetzen. 1999 besuchte ich wiederum an Ostern in Münsterschwarzach den Kurs »Kloster auf Zeit«. Im Konventamt hörte ich das Evangelium vom ungläubigen Thomas. Der Schlusssatz »Selig sind die, die nicht sehen und doch glauben« berührte oder erschütterte mich zutiefst. Ich fuhr nach Würzburg zurück, und mir kam es so vor, als ob ich »im Geist umhergetrieben« wurde. Ich war voller Kraft, aber sehr aufgewühlt und wusste noch nicht, wie mein Weg nun weitergehen sollte.

Durch viele Gespräche und Besuche in der Abtei und zehntägige Schweigeexerzitien kristallisierte es sich heraus, dass ich zumindest einmal ins Kloster eintreten muss – mit der Möglichkeit, wieder gehen zu können, sollte sich herausstellen, dass es doch nicht das Richtige für mich ist. Bis zum tatsächlichen Eintritt gab es noch manche Krise, aber im Sommer 2000 beendete ich mein Studium und trat anschließend in die Abtei Münsterschwarzach ein.

Die ersten Monate im Postulat waren für mich eine schwere und zugleich auch gute Zeit – ich musste (und durfte) in Krisen das existenzielle Beten lernen und erfuhr die liturgischen Texte oft als sehr hilfreich, ermutigend, Trost und Kraft spendend, gerade auch, wenn es mir wirklich schlecht ging.

Der Rhythmus und Wechsel von Arbeiten und Beten tat mir gut. Im Kloster erlebte ich die intensivsten Zeiten dann, wenn ich in Krisen geriet.

Dann war es ein Kämpfen, Ringen und Schreien mit und zu Gott – bis zu dem Punkt, an dem ich nicht mehr konnte und in meiner Ohnmacht um seine Hilfe bat. Und dann spürte ich: In den Momenten, in denen ich mich wirklich an Gott hingab, wurde ich von Licht, Kraft, Liebe und Dankbarkeit durchströmt, dass ich es körperlich vom Scheitel bis zu den Fußsohlen spüren konnte. Hier halfen mir auch die Psalmen weiter, die die Wege nach unten in die Dunkelheit und Krise als menschliche Wege aufzeigen und fast jedes Mal mit Hoffnung, Zuversicht, Freude und Dankbarkeit enden. Mein ganzes Menschsein konnte ich in den Psalmen wieder finden und mich so auch heraus- und heraufziehen lassen aus meinem eigenen Dunkel.

Bei all dem, was ich am eigenen Leib und Geist in dieser ersten Zeit im Kloster erfuhr, wurde mir bewusst, dass ein tiefer Sinn hinter den verschiedenen »Stufen« liegt, die von der Ordensregel vorgesehen sind, um vom Kandidaten zum vollwertigen Mitglied der Mönchsgemeinschaft zu werden. Ich durchlief alle Höhen und Tiefen dieser Initiation und spürte, dass die Strukturen dieses Prozesses mir ein haltgebendes »Gerüst« dabei waren. Daher möchte ich im Folgenden noch kurz auf die spezielle Form benediktinischer Initiation eingehen, um den Hintergrund, auf dem ich meine Erfahrungen gemacht habe, etwas deutlicher werden zu lassen.

Benediktinische Initiation in einer Klostergemeinschaft

Es würde den Rahmen dieses Buches sprengen, das benediktinische Leben insgesamt oder auch nur einzelne Teile davon ausführlich zur Sprache zu bringen. Daher möchte ich mich darauf beschränken, nur ganz punktuell etwas zur Initiation im Kloster sagen.

Wie im Evangelium können hier die Worte immer nur hinter dem zurückbleiben, was eigentlich damit gesagt oder beschrieben werden soll. Das klösterliche Leben, in diesem Fall nach der Regel des Heiligen Benedikt, ist eine konkrete Ausgestaltung der Nachfolge Christi, eine Form des gelebten Evangeliums, deren wahrer Inhalt wahres Wesen letztlich nur auf dem Weg, also im Tun erfahren werden kann, und das erst nach und nach, mit der Zeit.

Die Regel des Heiligen Benedikt schildert das monastische Leben und ist der Taufspiritualität der Alten Kirche verpflichtet. Die tragende und prägende Wirklichkeit der Taufe verbindet die Einweisung in das christliche Leben und in das Mönchsleben.

Die klösterliche Initiation hat ebenfalls die Struktur des von Gennep entwickelten »3-Phasen-Grundmusters«: Zunächst erfolgt die Trennung von der Außenwelt als Trennungsritus und »Sterbeprozess«, dann die Schwellen- und Umwandlungsphase und schließlich die Phase der Reintegration, die Aufnahme in das neue Leben in der Gemeinschaft und in die engere, tiefere Gottesbeziehung.

Etwas konkreter gefasst kann sich das folgendermaßen darstellen: Nach einem Erstkontakt mit Mönchen des Klosters oder nach weiteren Besuchen dort kann sich bei einem Menschen ein »Ruf« einstellen, ein inneres Gezogensein zu dieser Art von Lebensform. Der junge Mann geht dann auf den Novizenmeister zu und wird zum »Interessenten« des Klosters. Zum Teil wird er dann schon in die Klausur eingeladen.

Bestätigt sich seine Berufung, wird der Interessent zum »Kandidaten«. In der folgenden Zeit werden die Formalitäten zum Eintritt ins Kloster geklärt. Dann erfolgt eine konkrete (weitere) Trennung von der Ursprungsfamilie und der Kandidat tritt im Kloster in die *Marge* ein, das »Zwischen«, in dem Wandlung geschehen kann. Mit dem Eintritt ins sogenannte Postulat wird der junge Mann zum »Postulanten«. Im Kloster beginnt damit für ihn eine erste innere Erprobungsphase mit verschiedenen »Prüfungen«.

Im Regelfall wird der Postulant nach drei bis sechs Monaten eine weitere Stufe des Initiationsprozesses erreichen. Dann wird er Novize genannt und erhält als Ausdruck des neuen Status und Lebens einen neuen (Kloster-)Namen. Nach dem ersten kanonischen Noviziatsjahr, in dem weiterer Unterricht ansteht, und einem zweiten Jahr, in dem der Novize im alltäglichen Arbeitsleben eingebunden ist, kann er seine sogenannten Zeitlichen Gelübde für zwei Jahre ablegen. Nach Ablauf der Zeit kann er diese Gelübde noch einmal für zwei Jahre verlängern, um sich schließlich in der sogenannten Feierlichen Profess auf Lebenszeit an die Gemeinschaft zu binden. In Münsterschwarzach begrüßen die Ältesten die Neuprofessen, indem sie sie zum Altar bitten, um den sie Aufstellung nehmen, und sie umarmen. In dieser Abtei werden die Übergänge auch bewusst mit einer Sabbatzeit jeweils vor und nach der jeweiligen Stufe gestaltet, zum Beispiel durch Exerzitien, die Postulanten vor der Aufnahme in das Noviziat absolvieren.

In der Schwellen- und Umwandlungsphase geschieht die eigentliche Transformation. Das Leben im »Zwischen« (im Zustand des »Nicht-Mehr« und »Noch-Nicht«) fördert die Ablösung von alten, eingefahrenen, lebensfeindlichen Verhaltensmustern (»Sünde«) und hilft dabei, sich auf die neue Rolle vorzubereiten und sie einzuüben, eine eigene Identität von innen her (»Christus lebt in mir«) zu entwickeln, der eigenen Berufung nachzuspüren und diese zu leben. In der Zwischenphase wird auch deutlich, dass das Leid ein Teil des Lebens ist und dass es einen Weg hindurch gibt. In dieser Phase findet ein Noviziatsunterricht statt, in dem die klösterlichen christlichen Werte weiter vermittelt werden.

Vor allem im Postulat und Noviziat lassen sich die Elemente wiederfinden, wie sie A. von Gennep für die Phase des »Zwischen«, der »Wüste«, der »Marge« beschrieben hat und wie sie in den Initiationsritualen vieler Völker existieren. Das betrifft zum Beispiel die Rückführung des Postulanten oder Novizen in den »Zustand eines Neuen«, der die Regeln des klösterlichen Lebens erst noch erlernen muss. In dieser Zeit haben die angehenden Mönche wenig Kontakt zu ihrer Familie. In der ersten Zeit sollen sie sogar keine Telefonate führen oder Mails schreiben, bis sich der »neue Zustand« als Mönch, die neue Seinsweise etwas gefestigt hat. Die inneren Prozesse, die in dieser Zeit stattfinden, können tatsächlich als »Abstieg« in das eigene Dunkel, als Weg der Reinigung, punktuell aber auch als Weg der Erleuchtung verstanden werden, zum Beispiel im Chorgebet und in der Eucharistiefeier.

Benedikt hatte die Vision, dass das benediktinische Kloster ein Abbild des »himmlischen Jerusalems« auf Erden sein sollte. Mit dem Wort Jesu, dass das Reich Gottes nahe, gegenwärtig ist, könnte die Initiation in den klösterlichen Bereich letztlich auch als ein Eintauchen in den »konkreten« Lichtbereich Gottes verstanden werden, so wie die Taufe ein Eingetaucht-Werden, ein Eingetauft-Werden in Christus ist (vgl. dazu 1 Johannes 1,5). Der klösterliche Weg kann ein Weg des Hörens, des Glaubens und des Erfahrens des göttlichen Lichtes werden. Der Initiand im Kloster geht diesen Weg, indem er Jesu Weg nachvollzieht, ihm nachfolgt: seinen symbolisch-wirklichen Tod am Kreuz, den »Abstieg ins Grab«, die Auferstehung »in Christus« und das Leben »in persona christi« als ein Leben im Heiligen Geist, ein Leben in Gott, in der Gemeinschaft mit Gott und den Menschen.

Man könnte auch insgesamt das Leben der Orden als ein Leben in einer Nische, in einer Sonderwelt betrachten. Sie sind Orte des »Zwischen«, der Marge. Solche Orte können gerade heute nicht nur für Menschen, die ins Kloster eintreten wollen, von großer Bedeutung sein, sondern auch für andere, die in persönlichen Entwicklungsprozessen stecken, weil sie hier in ihren Suchbewegungen unterstützt, begleitet und geführt werden können.

Die Psalmen – Initiation durch Symbolisierungsprozesse

Das ganze Leben des Mönchs steht im Horizont des Psalters. Daher möchte ich an dieser Stelle noch einige Aspekte des Betens mit den Psalmen vorstellen. Die Psalmen spiegeln menschliche Daseinsweisen, Empfindungen, Regungen, Gefühle, Emotionen wider. Der Beter und Sänger kann im Spiegelbild der Psalmen sich selbst und die Bewegungen seiner Seele beobachten. Der betende Mensch findet sich darin wieder – und lässt sich dann auf dem Weg der Psalmen zur Lösung und Heilung der Situation führen. Die Psalmen beschreiben somit die inneren Wege der Veränderung hin zur Vollendung. Wenn ein Mönch oder ein Mensch sich auf den Stufenweg der Psalmen einlässt, die Psalmworte an sich und in sich wirken lässt, dann heilt er an Leib und Seele und wird ein

Mensch jener Liebe, die keine Furcht mehr kennt (vgl. dazu 1 Johannes 4,18). Die immerwährende Bekehrung hin zum eigenen Maß und vor allem zum Gott der (eigenen) Mitte hilft zu einem Leben, das so immer mehr zum »Heil in Christus« werden kann.

Die Psalmen laden den Betenden ein, sich selbst in sie hineinzulegen. In vielen Psalmen kann der Betende den Eindruck gewinnen, dass der Psalmist in schwierigen Situationen aus seiner eigenen Erfahrung heraus schon mehr weiß als der sich in der Krise befindliche Betende. Es ist wie ein Vers, der Satz eines Eingeweihten. Unterwegs mit den Psalmen, die auch für den schwierigen Alltag zum Wegbegleiter werden können, kann dann der Beter tatsächlich diese Erfahrungen machen, von denen der Psalmist immer wieder spricht: Der Weg geht durch die Not und das Dunkel hindurch. Am Ende steht immer Gott, der den Menschen wieder in seine Gnade, sein Licht, sein Erbarmen aufnimmt und ihm dadurch Rettung und Heil schenkt.

Ich glaube – einigen mag das vielleicht fremd klingen –, dass Worte, Symbole und symbolische Bilder, wie wir sie auch in den Psalmen finden, wirken. So bin ich der Überzeugung, dass sich tatsächlich ein Gefühl der Geborgenheit einstellt, wenn wir uns innerlich wie das Jesuskind auf den Schoß von Maria setzen, wie dies beispielsweise in der Marienskulptur in der Abtei Münsterschwarzach dargestellt ist, oder auch von einer Josefsstatue uns innerlich symbolisch-wirklich einen Segen zusprechen lassen. Ähnlich können sich Symbolisierungsprozesse auch in, durch und mit den Psalmen vollziehen. Die Wirklichkeiten in den Bildern der Psalmen können dann ihre Wirkung entfalten, wenn ein Beter sich in sie hineinnehmen und hineinfallen lässt.

Wenn es zum Beispiel in Psalm 18 im dritten Vers heißt: »Herr, du mein Fels, meine Burg und mein Retter, mein Gott, mein Felsen, bei dem ich mich berge, mein Schild, mein machtvolles Heil, meine Zuflucht«, dann handelt es sich hier um »meinen« Gott, nicht um eine abstrakte Wahrheit. Es ist Gott für mich, »mein« Retter, der sich mir zuwendet. Wenn ich mich nun in Verbindung mit dem Wort »in Gott leben« (»in Christus leben«) in diese Bilder hineinstelle, mir also zum Beispiel einen großen Fels oder eine feste Burg um mich herum vorstelle, dann kann das Bild seine (göttliche) Wirklichkeit entfalten, dann geschieht etwas in mir, das mit einem Gefühl von Weite, Sicherheit, Geborgenheit und Freude umschrieben werden kann.

Die Aussage des Evangelisten Markus ist hier sehr hilfreich: »Darum sage ich euch: Alles, worum ihr betet und bittet – glaubt nur, dass ihr es schon erhalten habt, dann wird es euch zuteil« (Markus 11,24). Ich nehme dann plötzlich eine Gegenwart war, die zwar vorher auch schon da war, aber die jetzt aufscheint, mir zur Wirklichkeit wird, sich mir offenbart. Ähnliches kann im Zusammenhang mit Psalm 5,13 geschehen: »Wie mit einem Schild umgibst du ihn [mich] mit deiner Gnade.«

Wenn ich mir hier wieder um mich herum einen Schild aus Gnade oder Licht vorstelle beziehungsweise in die Gnade hineingehe, dann geschieht etwas – das Bild entfaltet eine Wirklichkeit Gottes, die mit »Gnade« umschrieben werden kann.

Daneben lässt sich auch hier wieder das Schema der Übergangsriten finden: Die Trennung von Gott und den Menschen, das Gefühl, ausgestoßen zu sein, dann die *Marge*, das »Zwischen«, das vom Beter oft als Dunkel oder Nacht erlebt wird, als Gottferne, und schließlich die Wiedereingliederung in das Land der Lebenden, in die Fülle des Lebens hinein mit Erfahrungsqualitäten von Heil, Frieden und Gerechtigkeit.

Stellvertretend für einige andere möchte ich hier den Psalm 116 etwas näher betrachten, den man fast als die Beschreibung eines Initiationsweges lesen kann. Die Trennung von Gott beschreibt der Psalmist mit den Worten: »Mich umfingen Fesseln des Todes, Drangsal der Unterwelt befiel mich, ich erfuhr Bedrängnis und Kummer« (3). Hier erzählt der Betende, dass er sich gequält fühlte und ausgestoßen. Die Phase der Trennung vom Glück und vom erfüllten Leben kann sehr plötzlich kommen, es kann den Menschen wie Hiob über Nacht treffen: ein geliebter Mensch stirbt, man verliert den Arbeitsplatz oder erhält die Nachricht, an einer tödlichen Krankheit zu leiden. Die Phase des darauffolgenden »Zwischen« kann unter Umständen jedoch länger andauern. In dieser »Zwischenphase« ist es wichtig, den Blick vom dunklen Leid und der Angst abzuwenden und sich suchend nach dem Licht umzuschauen, das heißt, sich zu überlegen, wo und wie es weitergehen kann. Der Beter von Psalm 116 glaubte und glaubt, dass das Leben weitergeht. Er hat es sich erhofft. Deshalb kann er sagen: »Da rief ich den Namen des Herrn an: ›Ach Herr, rette mein Leben!‹ Gnädig ist der Herr und gerecht, unser Gott ist voll Erbarmen. Der Herr behütet die schlichten Herzen. Ich war schwach und gering – er brachte mir Hilfe« (4–6). Der Beter, der sich im »Dazwischen«, im Dunkel befindet, wandelt sich und wendet sich Gott zu – und wird aus seiner Notlage gerettet: »Ach Herr, ich bin doch dein Knecht! Dein Knecht bin ich, der Sohn deiner Magd! Gelöst hast du meine Fesseln. Das Opfer des Lobes will ich dir bringen, ausrufen den Namen des Herrn. Meine Gelübde will dem Herrn erfüllen vor seinem ganzen Volke, in den Höfen am Hause des Herrn, in deiner Mitte, Jerusalem. Halleluja! (16–19). Der Psalmist wird von Gott verwandelt wieder in das »Land der Lebenden« zurückgeführt, dem Leben wieder eingegliedert. Darin spiegelt sich die Phase der *Agrégation*.

In den Psalmen wird der Beter oft in das Reich des Todes, in Dunkelheit, Leid, Schmerz, Wut, Angst hinab geführt, dann aber auch wieder ans Licht gebracht. Wir können uns und unsere Geschichte darin wiederentdecken und uns durch den Psalm in Freiheit und Vertrauen gegenüber dem Leben führen lassen.

Das Gebet hilft, sich zu Gott hin zu öffnen und auf Gott hin geöffnet zu leben. Die Psalmen zu beten oder beten im Allgemeinen heißt, unter den

Blick Gottes zu treten und dort auszuhalten, sich der eigenen Unruhe bewusst zu werden. Alles, was in den tieferliegenden Schichten unseres Selbst verborgen ist, uns aber in unserem Sein quält, wie zum Beispiel Schuld oder das Ausweichen in die Resignation, kommt durch die Psalmen ins Gefühl, ans Licht. Dadurch kann nach und nach ein Prozess der Heilung in Gang kommen. Wirkliches Beten kann so zur tiefen, inneren Bekehrung führen. Das Ziel ist das Wohnen in Gott, in seinem Bund zu leben, in ständiger Verbundenheit mit ihm zu leben.

Hier können wir auch wieder an das Zeichen des Propheten Jona denken, das Zeichen des Todes und der Auferstehung Christi: »Denn wie Jona drei Tage und drei Nächte im Bauch des Fisches war, so wird auch der Menschensohn drei Tage und drei Nächte im Innern der Erde sein« (Matthäus 12,40). Das Gebet des Jona im Bauch des Fisches besteht fast ausschließlich aus Psalmenzitaten. Er betet mit den Psalmen in seiner Bedrängnis zu Gott und bittet ihn um Hilfe. Schließlich wird er befreit. Jona ist damit sozusagen ein Initiationsmodell für uns, auf das Jesus hinweist: indem ich den Weg des Jona innerlich mitvollziehe – auf das Schiff gehen, aufs Meer hinaus fahren, in den Bauch des Schiffes absteigen, in das Meer geworfen werden, in den großen Fisch oder Wal aufgenommen werden und dort um Befreiung beten –, kann sich plötzlich eine Wirklichkeit von »Licht« einstellen, kann etwas von Gnade im eigenen Inneren aufscheinen.

Wir können hier auch noch weiter gehen: Indem Jesus uns, wie oben aus Matthäus zitiert, darauf hinweist und seinen Tod und seine Auferstehung im Zusammenhang mit dem Geheimnis der Verwandlung des Jona im Bauch des Fisches beschreibt, dürfen wir das Geheimnis von Kreuz, Tod und Auferstehung wirklich im Zusammenhang der Initiation sehen, das sich auch an uns, den Nachfolgenden, ereignen will.

Nachfolge Jesu: ein Initiationsweg

Hartmut Kraft weist auf die Initiationsstrukturen in den Evangelien vom Leben Jesu hin. Das Neue Testament beziehungsweise vor allem die vier Evangelien als Glaubenszeugnisse von Leben, Tod und Auferstehung Jesu Christi verwenden seiner Ansicht nach die »Initiationsstruktur an den zentralen Stellen der berichteten Lebensgeschichte Jesu – bei der Geburt, der Taufe und bei der Kreuzigung/Auferstehung.« Er meint: »Es geht an diesen Stellen um Wandlung, Einführung in eine neue Lebens- oder Seinsstufe.« Wenn wir uns von diesen Wegen oder diesen Bildern mit hineinnehmen lassen, können sich diese Mysterien auch an uns vollziehen.

Die Initiationsstrukturen vom Leben Jesu in den Evangelien

Davon ausgehend, dass eine Nachfolge Jesu auch für uns zu einem Initiationsweg werden kann, schauen wir uns die Initiationsstrukturen in den Evangelien einmal genauer an.

1. Geburt Jesu und Weihnachtsgeschichte

Bei Matthäus und Lukas findet sich in der Weihnachtsgeschichte eine Initiationsstruktur: Maria verlässt mit Josef den gewohnten Lebensraum Nazaret (*Séparation*). Auf der Reise sind sie »unbehaust«, das göttliche Kind wird in der *Marge*, im »Zwischen« geboren. Wegen des Kindermordes (hier findet sich das Zerstückelungsmotiv der *Marge*: die Menschenkinder müssen sterben, das göttliche Kind lebt) folgt eine Flucht nach Ägypten. Die Rückkehr nach Nazaret (*Agrégation*) erfolgt nach einigen Jahren. Hier wächst Jesus dann weiter auf.

2. Taufe und Versuchung Jesu

Auch die Erzählung von der Taufe und der Versuchung Jesu in der Wüste weißt eine Initiationsstruktur auf. Die Taufe Jesu stellt die *Séparation*, die Ablösung vom alten Status und die Wiedergeburt aus Wasser und Geist dar (vgl. Johannes 3,3–5). Die eigentliche Übergangs- und Wandlungszeit beginnt aber dann mit Jesu Gang in die Wüste, in die Einsamkeit. Geführt wird er vom Heiligen Geist. Für vierzig Tage und Nächte bleibt er dort. Es ist eine Initiationsprüfung, bei der er durch den Teufel versucht wird. Diese Versuchungen haben nach Hartmut Kraft zwei Ebenen: die individuelle Reifungsebene des Initianden und die überindividuelle, religiöse Ebene des Verantwortungsgefühls Jesu für die Menschheit. Jesus erkennt in der Wüste seine Grenzen an, widersagt dem Teufel und unterwirft sich Gott; gleichzeitig bleibt er in der Rolle des dienenden Mittlers Gottes und des Reiches Gottes, also auch Diener seiner sozialen Gemeinschaft in ihren Nöten. Nach dieser Prüfung in der Wüste nimmt Jesus seine Aufgabe als Wanderprediger, Heiler und Verkünder des Reiches Gottes auf (*Agrégation*).

3. Tod am Kreuz und Auferstehung

Auch in den Evangelienerzählungen um den Tod und die Auferstehung Jesu lässt sich eine ähnlich Struktur erkennen: Die Trennung von seiner »diesseitigen Lebensweise« beginnt für Jesus beim letzten Abendmahl mit seinen Jüngern. Es ist ein Abschiedsmahl. Das Brechen des Brotes kann im Sinn eines Initiationsritus als symbolische Vorwegnahme seines Leidens und Sterbens gedeutet werden. Dann folgt die *Marge*, die »Verwandlungsphase«, zunächst als eine weitere Trennung von der Welt und den Jüngern am Ölberg (die Jünger schlafen dort). Die Verhaftung, der Prozess und die Hinrichtung am Kreuz bilden das Zentrum der »Destrukturierung« der alten Seinsweise in der »Zwischenzeit«. Hier tauchen auch die Initiationsmotive der sogenannten Zerstückelung auf:

geißeln, ins Gesicht schlagen, Dornenkrone, Würfeln um die Kleider Jesu, die hier als Bild für die »zweite Haut« des Menschen betrachtet werden können, das Schlagen ans Kreuz, der Tod am Kreuz. Die Verwandlung, Um- und Neustrukturierung in der Phase der *Marge* findet dann im Grab statt, das wie der Kokon bei einer Raupe beziehungsweise einem Schmetterling zum Geburtsort des neuen Lebens beziehungsweise der neuen Seinsweise wird. Die Auferstehung am dritten Tag und die Erscheinungen bei den Jüngern kann als Phase der Wiedereingliederung in das neue Leben gesehen werden (*Agrégation*).

Ähnliches findet sich später auch bei Paulus: Seine Berufung kann in der Nachfolgezeit Jesu sozusagen als ein spontanes Initiationsbeispiel angesehen werden. Sein Zusammenbruch vor Damaskus (*Séparation*), seine Wandlungsphase vom Saulus zu Paulus (die Zwischenphase mit seiner Blindheit) und schließlich das Auftreten und Leben als Paulus in seinen neuen Aufgabenbereichen, unter anderem in der Heidenmission (*Agrégation*).

Die Initiationsstruktur in den Evangelien soll die Empfänger der »frohen Botschaft« durch den Auftrag zur Nachfolge und Identifikation und damit zur eigenen Wandlung anregen. Das ist der Kern der äußerst komplexen Bibelberichte. Jesus Christus ist der Erste, der den Weg der Verwandlung bis zur Vollendung gegangen ist. Aber die Verheißung gilt allen, die sich auf den Weg der Nachfolge machen: »Denn alle, die er im Voraus erkannt hat, hat er auch im Voraus dazu bestimmt, an Wesen und Gestalt seines Sohnes teilzuhaben, damit dieser der Erstgeborene von vielen Brüdern [und Schwestern] sei« (Römer 8,29).

Auch wir sind berufen: »der unseren armseligen Leib verwandeln wird in die Gestalt seines verherrlichten Leibes, in der Kraft, mit der er sich alles unterwerfen kann« (Philipper 3,21). Wir sollen »alle zur Einheit im Glauben und in der Erkenntnis des Sohnes Gottes gelangen, damit wir zum vollkommenen Menschen werden und Christus in seiner vollendeten Gestalt darstellen« (Epheser 4,13). Damit sind wir auch bei den Zielperspektiven der christlichen Initiation.

Zielperspektiven christlicher Initiation

Das Ziel im täglichen Leben – auch außerhalb der Klostermauern – ist das »Heil in Christus«, in Gott, im Heiligen Geist, ist Gott zu schauen und für immer vor seinem Angesicht, in seiner Gegenwart zu leben. »In Christus«, »im Sohn« werden wir zum Sohn, erhalten wir Anteil an der göttlichen Natur (vgl. 2 Petrus 1,4) und werden somit geheilt. Die Gemeinschaft ist dabei wesentlicher Bestandteil des klösterlichen beziehungsweise christlichen Lebens, um aus der eigenen Zerbrochenheit zum ganzen Menschen werden zu können. Auch der christliche Gottesdienst ist Ort der Heilung und der umfassenden Person- und Ganzwerdung »in persona christi«, in Christus als unsere höchste menschlich-göttliche Bestimmung.

Zur heilenden Dimension des Mönchtums gehört gerade auch die Wüste, der Rückzug, die Abgeschiedenheit, damit Körper und Geist gereinigt werden und der neue Mensch immer mehr in Jesus Christus aufscheinen kann. Die äußere und innere Wüste (im Kloster, im Leben) ist Ort der Reinigung und Heilung, Erleuchtung, Einigung und Vollkommenheit.

Christsein ist der Weg der Christusnachfolge, die im Kern Kreuzesnachfolge ist: Mitten im Leben muss der Mensch also bereits sterben; der Tod erscheint in vielen Gestalten. Die Kreuzesnachfolge kann sich auch in einem Weg zeigen, auf dem man bereit ist, hinabzusteigen zu den eigenen Wahrheiten, denen man sich schonungslos stellt. In der Benediktsregel im Kapitel über die Demut (RB 7) wird dieser Weg des Abstiegs ausführlich dargestellt.

Letztlich geht es jedoch um den Aufstieg zu Gott. Neben einem geistlichen Kampf in der Nachfolge gehört auch die Arbeit an sich selbst dazu, um sich weiterzuentwickeln und zu reifen. Dazu ist es notwendig, die Konfliktmuster der eigenen Ursprungsfamilie anzuschauen, den Mangel an Sinn, an befriedigenden Beziehungen, an Halt, an Zugang zu sich selbst und zu den eigenen Gefühlen einzusehen und auszuhalten. Im Erleiden der eigenen Verstrickungen geht es darum, diese nicht einfach weiter auszuagieren, sondern sich ihnen zu stellen und nach Heilung Ausschau zu halten. Die Arbeit an sich selbst, sich dem Leben und sich selbst zu stellen, ist schwer und als eine Art der

Kreuzesnachfolge zu verstehen. Die Gefahr dabei ist, ins Gebet, ins Nichtstun oder in die Arbeit zu fliehen. Es gilt, die Zweckfreiheit des eigenen Freiraums zu ertragen. Christliches Leben ist keine Flucht in eine Scheinwelt, sondern stellt sich dem konkreten Leben: alle Themen des Menschseins werden durchlebt, im Glauben reflektiert und interpretiert. Dadurch können neue Handlungsimpulse aufgegriffen und umgesetzt werden. Aus neuen Handlungsmustern ergibt sich so nach und nach neues Freiheitspotenzial, neue Möglichkeiten, um Liebe im eigenen Leben zu leben – zu sich, zu anderen, zur Umwelt und Schöpfung und zu Gott selbst.

Wenn sich einem einzelnen Menschen auf dem Weg zum Ziel des vollkommenen Menschen in Christus eine Erfahrung von Erleuchtung und Erneuerung durch den Heiligen Geist ereignet, dann ist das Gnade und Geschenk. Es handelt sich bei alldem nicht um ein intellektuelles Wissen, nicht nur um Worte, sondern um die geistliche Erfahrung, die allein die Führung des Geistes vermittelt. »Eingeweiht« ist ein Mensch dann, wenn Gott selbst in ihm aufscheint, wenn das göttliche Licht durch den Menschen hindurch wie eine Sonne in das alltägliche Leben und in die Herzen der anderen Menschen hinein scheint. Der Weg der Reinigung und Loslösung hat die Gottesschau zum Ziel: von Gott angeschaut, von Gott erleuchtet zu werden. Seine Schau ist Vereinigung. Es geht um ein Bekleidet-Werden mit dem leuchtenden, königlichen Gewand des Geistes und um ein Angefüllt-

Werden mit dem überströmenden, goldenen Licht und Glanz Gottes. Durch die Gnade wird der Glanz Gottes eingebildet. Der Mensch wird selbst Licht und so dem Gesehenen gleich. Gott nimmt im Menschen Wohnung und vergöttlicht damit den Menschen (vgl. Offenbarung 12,1: »Sie wurde mit der Sonne bekleidet«; diese Stelle wird in der Tradition beim Hochfest Mariä leibliche Aufnahme in den Himmel auf Maria als Typos des Menschen bezogen). Einerseits bleibt der Mensch zwar seiner Natur nach ganz Seele und Körper, andererseits wird er aber durch die Gnade von der höchsten Herrlichkeit und Glückseligkeit Gottes erfüllt und ist so mit Seele und Körper auch ganz Gott.

Das Gebet kann als Zugang und als gelebte Beziehung zu Gott angesehen werden. Ein Beispiel hierzu wäre das Jesusgebet, durch das der Mensch immer und überall in das starke Gefühl der Gegenwart Gottes hineingenommen werden und in einen inneren Dialog mit Gott treten kann, der so tief ist, dass er die tiefsten Tiefen im Meer seiner Göttlichkeit erreicht. Im gottgeschenkten Gebet kann sich der Mensch in das ganze All ausdehnen, das Gott selbst in seiner Hand hält. Das Ziel ist das Leben in Fülle, das nur durch Innehalten, durch das Kreuz, verstanden als dem Mut, sich aufrichtig dem Leben zu stellen, hindurch zu erreichen ist. Das Kreuz ist der Weg, auf dem Gott sich uns mitteilt.

Je mehr wir uns unserer »Schleppe«, unserer Lebensgeschichte im Kontext der Welt, bewusst

werden, die schönen und schwierigen Momente
darin annehmen und mehr und mehr loslassen
können, desto mehr kann Gott und sein göttliches
Leben, Christus, jeden Tag, immer häufiger, tiefer
und weiter in uns geboren werden. Wer diesen Zustand erreicht, hat sozusagen jeden Tag Weihnach-
ten – jeden Tag erlebt er die Gottesgeburt in sich.

Initiation konkret –
Übergangsriten im Alltag

Nachfolge ist und bleibt ein Übungsweg des sich
Einübens in die Gegenwart Gottes. Rituale können
uns dabei helfen, uns immer wieder Gott zuzuwen-
den und uns auf Gott hin zu öffnen. Meistens werden Rituale, im Besonderen Initiationsrituale und
Übergangsrituale von einem erfahrenen Menschen
angeleitet. Wichtig ist dabei, dass der Anleitende
sein Wissen nicht theoretisch weitergibt, sondern
ganz praktisch, also im Vollzug des Rituals, sodass dabei eine »Übertragung« geschieht. Deshalb
»wirken« manche Rituale, die man »nur« liest und
dann nachvollzieht, auch nicht immer oder nicht
so, wie man es aufgrund des Potenzials, das in ihnen steckt, vermuten würde.

Dennoch sollen hier einige Rituale vorgestellt
werden, die eingeübt werden können. Im Tun, im
Nachvollzug, in der Nachfolge können die im Text
gespeicherten Erfahrungen auch wirksam werden.
Wer schon gewisse Ritualerfahrungen besitzt, tut
sich vielleicht etwas leichter, diese Möglichkeiten
für sich nutzen. Einige Alltagsrituale wie das Auf-
stehen oder das Aus-dem-Haus-gehen kennt jeder.
Mancher hat auch selbst ein persönliches Morgen-

oder Abendritual entwickelt oder schon einmal einen Kurs besucht, um ein solches kennenzulernen und einzuüben.

In allen Ritualen geht es um eine »Verleiblichung«, das heißt, dass uns wirklich Erfahrungen der Befreiung zuteilwerden. Das Ziel ist letztlich immer in der Phase des »Zwischen« zu leben, »in der Wüste« – oder etwas konkreter formuliert, in der Gegenwart Gottes, im Jetzt.

Morgenrituale

Die folgenden Rituale möchten den Übergang von der Nacht in den Morgen, den Tag gestalten, in der Gewissheit, dass Christus mit uns geht.

- **Kreuzzeichen:** Bezeichnen Sie sich, vielleicht noch im Bett, nach dem Aufwachen das Kreuz auf den Leib, indem Sie nacheinander Stirn, Brust, linke und rechte Schulter berühren und dabei die Worte sprechen: »Im Namen des Vaters, des Sohnes und des Heiligen Geistes.« Stellen Sie sich dabei vor, Sie seien in göttliches Licht eingehüllt.

- **Sich anziehen:** Denken Sie beim Anziehen einmal daran, wie es in der Taufe war. Stellen Sie sich vor, dass Sie neben Ihren Kleidern auch Christus wie ein weißes (Tauf-)Gewand anziehen oder ihn sozusagen über ihre Kleidung anziehen.

- **Mit Christus gehen:** Wenn Sie das Haus verlassen, stellen Sie sich vor, dass Christus Sie immer und überall hin begleitet. Ein Teil des Morgengebetes des heiligen Patrick kann dazu helfen:

Christus sei mit mir,
Christus sei vor mir,
Christus sei in mir,
Christus sein unter mir,
Christus sei über mir,
Christus zur Rechten,
Christus zur Linken,
Er, die Kraft,
Er, der Friede!
Christus sei, wo ich liege,
Christus sei, wo ich stehe,
Christus sei, wo ich sitze,
Christus in der Tiefe,
Christus in der Höhe,
Christus in der Weite.

- **Orante-Haltung:** Diese Haltung ist ein Symbol dafür, sich und den Tag in die Gegenwart Gottes zu stellen. Darin wird der Gebetsvers aus dem Vaterunser lebendig: »Dein Wille geschehe!« Stellen Sie sich aufrecht hin, die Beine etwa schulterbreit. Die Arme mit angewinkelten Ellenbogen leicht erheben, bis die Hände ungefähr auf Augenhöhe sind. Die Hände beziehungsweise Handflächen können entweder nach vorne zeigen, nach oben oder sich »anschauen«. Die

Orante-Haltung kann im Laufe des Tages immer wieder eingenommen werden. Wer mag, spricht dabei ein Gebet.

Weitere Gebete zum Tageseinstieg:

Ich erhebe mich heute in gewaltiger Kraft, in Anrufung der Heiligsten Dreifaltigkeit, im Glauben an die Dreiheit, im Bekenntnis der Einheit des Weltenschöpfers. Ich erhebe mich heute in der Kraft der Geburt Christi und seiner Taufe, in der Kraft seiner Kreuzigung und Grablegung, in der Kraft seiner Auferstehung und Himmelfahrt, in der Kraft seiner Wiederkunft zum Jüngsten Gericht.
(Aus dem Morgengebet des heiligen Patrick)

Jetzt, o Herr, trete ich aus Deinem Licht, aus Deiner Kraft, aus Deiner Freude in meinen Tag.

Mein Herr und mein Gott, nimm alles von mir, was mich hindert zu dir. Mein Herr und mein Gott, gib alles mir, was mich fördert zu dir. Mein Herr und mein Gott, nimm mich mir und gib mich ganz zu eigen dir.
(Klaus von der Flüe)

Gott, hier bin ich. Dein Wille geschehe.

Im Lauf des Tages

- **Gebet zum Arbeitsbeginn:** Bevor Sie Ihre Arbeit aufnehmen, können Sie sie in »größere Hände« legen: »Herr, unser Gott, komm unserem Beten und Arbeiten mit deiner Gnade zuvor und begleite sie, damit alles, was wir beginnen, in dir seinen Anfang nehme und durch dich vollendet werde.«

- **Kleine Unterbrechungen, zum Beispiel Gebet zur vollen Stunde:** Die Mönche lassen zum Stundenschlag ihre Arbeit für einen kurzen Augenblick ruhen und sprechen dabei zum Beispiel folgendes Gebet: »Herr, unser Gott, ich danke dir für die vergangene Stunde meines Lebens und alles, was du mir geschenkt hast. Herr, Jesus Christus, ich danke dir, dass du mich mit deiner Liebe und Gnade umgibst und erfüllst. Herr, Heiliger Geist, ich danke dir, dass du mich in der kommenden Stunde erleuchtest und führst, zur Ehre Gottes und zum Heil der Menschen. Amen.«

- **Gebete während der Arbeit:** Man stellt sich vor, alles, was man tut, zusammen mit, in, durch Christus zu tun (siehe dazu auch wieder oben das Morgengebet des heiligen Patrick). Eine andere Möglichkeit: Man verrichtet die Arbeit als Gebet für ein bestimmtes Anliegen oder als Gabe für einen anderen Menschen.

- **Jesus-Gebet:** Das Jesus-Gebet kann bei allem Tun gebetet werden. Es hilft, sich während der Arbeit immer wieder der Gegenwart Gottes zu vergewissern und mit Christus zu arbeiten. Es gibt hierfür zwar keinen einheitlichen Gebetstext, es wird aber stets der Name Jesu angerufen. Zwei mögliche Formulierungen sind: »Herr Jesus Christus, Sohn Gottes – erbarme dich meiner« oder »Christus – Jesus«. Beim Sprechen des ersten Teils der Anrufung atmet der Betende ein, beim zweiten Teil wieder aus. Das Jesus-Gebet ist eine wunderbare Art zu beten, allerdings empfiehlt es sich, den Weg des Jesus- oder Herzensgebetes auch unter praktischer Anleitung zu lernen.

- **Ruminatio:** Die sogenannte Ruminatio beschreibt das »Wiederkäuen«, das ständige innerliche Wiederholen eines Wortes aus der Heiligen Schrift oder eines Gebetswortes. Dazu eignen sich beispielsweise folgende Sätze aus der Bibel: »Der Herr ist mein Licht und mein Heil« (Psalm 27,1). »Denn bei dir ist die Quelle des Lebens, Licht schauen wir in deinem Lichte« (Psalm 36,10). »Ich möchte wieder sehen können!« (Markus 10,51). »Steh auf! Stell dich aufrecht auf deine Füße!« (Apostelgeschichte 14,10). »Was er euch sagt, das tut« (Johannes 2,5). Man kann auch einen ganzen Psalm dazu hernehmen, zum Beispiel Psalm 23.

Abendrituale

- **Abendreinigung:** Als Übergang und Schnitt von der Arbeit zum Privatleben beten die Mönche die Vesper, das Abendgebet. Der ganze Tag wird im Gebet Gott hingehalten. Zu Hause, ohne eine Mönchsgemeinschaft, können folgende Rituale helfen, den Tag hinter sich zu lassen: Klopfen Sie das Alte aus Ihrem Körper heraus oder klopfen Sie es sich beim Nachhausekommen aus Ihren Kleidern. Man kann sich auch ausschütteln oder symbolisch wirklich den Tag und die Arbeitskleider ausziehen, um dann andere Kleider anzuziehen, in denen man nur noch selbst als Privatmensch ist. Ganz konkret kann es auch helfen, sich nach dem Nachhausekommen gleich mit kaltem Wasser den »Staub des Tages« abzuwaschen oder abzuduschen: das Gesicht, die Arme und Beine, den ganzen Körper.

  Ähnlich kann man vor dem Zubettgehen verfahren und mit den Kleidern auch den Tag »ausziehen« und ablegen, ihn in die Hände Gottes legen. Die Wüstenväter schlagen vor, vor dem Zubettgehen kalte Waschungen durchzuführen. Dann steigt man ohne sich abzutrocknen ins Bett. Alternativ kann man natürlich auch eine (kalte) Dusche nehmen und dann direkt ins Bett gehen. Hier gilt allgemein das Motto: Einfach mal ausprobieren!

- **Das Nachtgebet und das Schuldbekenntnis der Mönche:** Jeden Abend formulieren die Mönche zu Beginn des Nachtgebetes einen Tagesrückblick und beten anschließend das Schuldbekenntnis mit einer tiefen Verneigung. Im Tagesrückblick wird alles angeschaut, die schönen und auch schwierigen Momente. Das Schuldbekenntnis hat den Sinn, sich von der Last und auch der Schuld, die man über den Tag auf sich geladen hat, zu »distanzieren«. Das meint: Man legt alles in Gottes Hände und kann dann sagen: »Das bin ich nicht mehr.« Man lässt alles los. Das eröffnet die Möglichkeit, frei zu werden, unbelastet in die Nacht zu gehen, um dann am nächsten Morgen wieder neu anzufangen. Die tiefe Verneigung am Ende des Gebetes lässt alle Last, die sich tagsüber als Verspannung im Körper angesammelt hat, nach unten abfließen. Man kann sich auch vorstellen, dass einem Gottes liebevoller Blick wie eine Sonne auf den Rücken scheint und alles heilt, was am Tag verwundet worden ist. Nach dem Schuldbekenntnis richten sich die Mönche wieder auf und singen anschließend das Nachtgebet, die Komplet, die den Tag abschließt. Dann beginnt das große Schweigen als Einstieg in die Nacht.

  Ein Tagesrückblick kann auch zu Hause helfen, sich das Gewesene noch einmal vor Augen zu führen und den Tag mit allen Höhen und Tiefen zu würdigen, um ihn dann loszulassen. Eine Übung dazu könnte folgendermaßen aussehen: Suchen Sie sich einen Platz, an dem Sie ungestört sein können. Werden Sie nun still und spüren Sie Ihren Atem. Setzen oder stellen Sie sich in Gottes Gegenwart und bitten Sie ihn um einen ehrlichen Blick auf Ihren Tag. Schauen Sie nun selbst darauf zurück und überlegen Sie, was Sie den Tag über angesprochen, verletzt, erfreut hat. Danken Sie für alles, was gut war. Bitten Sie um Verzeihung für alles, was misslungen ist und vertrauen Sie Ihre Pläne für den kommenden Tag Gott an. Beten Sie nun ein Vaterunser. Vielleicht sagt Ihnen auch folgendes Gebet mehr zu: »Gott, still werde ich vor dir. Ich darf ganz in deiner Gegenwart sein und ausruhen. Dich bitte ich um einen ehrlichen Blick auf meinen Tag. Ich danke dir für alles, was gut war. Ich bitte um Verzeihung für alles Ungute. Lass du gut werden, was ich begonnen habe. Segne mich in dieser Nacht.«

Das Schuldbekenntnis der Mönche lautet: »Ich bekenne Gott, dem Allmächtigen, und allen Brüdern und Schwestern, dass ich Gutes unterlassen und Böses getan habe. Ich habe gesündigt in Gedanken, Worten und Werken, durch meine Schuld, durch meine Schuld, durch meine große Schuld. Darum bitte ich die selige Jungfrau Maria, unseren heiligen Vater Benediktus, alle Engel und Heiligen, und euch, Brüder und Schwestern, für mich zu beten bei Gott, unserem Herrn.« Und die Vergebungsbitte: »Der allmächtige Gott erbarme sich unser. Er lasse alle Sünden nach und führe uns zum ewigen Leben. Amen.«

Diese Gebete kann man auch zu Hause sprechen, wenn man schon im Bett liegt oder bevor
man sich umzieht für die Nacht. Es kann auch
Menschen außerhalb des Klosters helfen, den
Tag zurückzulassen und die Sorgen und Nöte
loszulassen, um in einen erholsamen Schlaf zu
finden.

- **Prostratio:** Auch in der Gebetsgebärde der Prostratio kann man den Tag in Gottes Hände legen.
Die Prostratio ist vor allem durch Priester- oder
Bischofsweihen oder von Feierlichen Professen
der Mönche und Nonnen bekannt. Dabei liegt
man ganz flach auf den Boden. Die Arme sind
nach vorne genommen und die Hände überein-
ander gelegt. Die Stirn liegt auf den beiden über-
einanderliegenden Händen. Der Nacken ist dabei automatisch gestreckt. Dazu kann man das
Gebet sprechen: »Ausgestreckt liege ich schließlich da vor Gott. Ich übergebe ihm meinen Tag
und übergebe mich ihm ganz.«

- **Schweigen der Nacht:** Das Schweigen der Nacht
möchte den persönlichen Weg des einzelnen
Mönches und seine Beziehung zu Gott schüt-
zen. Alles, was wieder aus der Mitte heraus-
führen oder Unruhe oder Angst oder sonstige
Ablenkungen erzeugen könnte, wird vermie-
den. Mit positiven Gedanken und einer Ruhe
im Herzen geht man zu Bett. Auch dies lässt sich
für Zuhause auf den Weg in die Nacht übertragen, wenngleich das sicher auch nicht an jedem

Abend möglich ist, schon gar nicht, wenn man in einer Familie, einer Beziehung lebt. Dennoch kann es vielleicht in Zeiten großer Belastung helfen, sich nicht mehr mit den Sorgen des Tages zu beschäftigen und für sich, in der eigenen Konzentration auf den Schlaf zu bleiben, gerade auch in Verbindung mit den oben genannten Übungen des Tagesrückblicks und des Schuldbekenntnisses.

Rituale für die Woche oder das Jahr

• **Ein Vertrauensbild verinnerlichen:** Ein beruhigendes Gebet muss nicht unbedingt in Worte gefasst werden, sondern kann auch in der Meditation eines Bildes liegen: Betrachten Sie eine Marienstatue oder stellen Sie sich vor, wie Jesus von Maria auf dem Arm oder dem Schoß gehalten zu werden. Gehen Sie dann innerlich so in das Bild hinein, dass Sie auf dem Arm oder Schoß Mariens selbst zum Kind werden. Maria hält sie nun wie das Jesuskind, sie umgibt Sie und umarmt Sie liebevoll. Sie können aber auch die Rollen wechseln und sich vorstellen, Sie seien Maria, und Ihr »inneres Kind«, das vielleicht manchmal noch unsicher, ängstlich oder verschüchtert ist, selbst in den Arm nehmen und es liebevoll umsorgen.

• **Tauferinnerung:** In Anlehnung an den Taufritus kann man zu Hause folgendes Ritual vollziehen: Man stellt sich in Richtung Westen, hebt abwehrend die Hände und grenzt sich so bewusst in diese Richtung ab. Symbolisch sagt man Nein zu allem Lebensfeindlichen, was in der Taufliturgie der Antwort: »Ich widersage!« entspricht, die der Täufling (oder stellvertretend die Paten) auf die Fragen des Priesters nach möglichen Anfechtungen und Versuchungen mehrfach wiederholt. Dann dreht man sich um 180 Grad und wendet sich so dem Osten zu, wo Christus, die Sonne, aufgeht. So öffnet man sich symbolisch allem Lebensfördernden. Dann kann man symbolisch die alten Kleider über den Kopf ausziehen und ablegen, um so symbolisch die eigene Lebensschleppe mit allen schwierigen Erfahrungen Gott zu übergeben. Alles innerlich und äußerlich Belastende kann man Gott in die Hände legen. Anschließend zieht man sich symbolisch oder wirklich ein neues weißes Gewand an, das Christus selbst darstellt. Ein solches Ritual kann vor allem vor einem neuen Lebensabschnitt helfen, den Übergang zu gestalten und mit einem Gefühl der Erneuerung, der Befreiung in das Kommende aufzubrechen.

- **Lectio Divina**: Lectio Divina bedeutet wörtlich übersetzt »göttliche Lesung« und meint eine besondere Weise der Meditation eines Wortes. Dazu bereitet man sich zunächst innerlich auf diese Lesung vor, indem man sich zum Beispiel bewusst für eine gewisse Zeit zurückzieht, eine Kerze anzündet und geistig und körperlich bei

sich ankommt. Dann nimmt man die Heilige
Schrift oder eine andere geistliche Lektüre zur
Hand und wählt eine Stelle aus. Man liest mit
einem offenen und bereiten Herzen. Wenn ein
Satz, ein Wort, ein Gedanke einen irgendwie berührt oder anspricht, wird das Lesen für einen
kurzen Moment unterbrochen, um dieser inneren Bewegung nachzuspüren. Es geht darum,
in eine innere Kommunikation mit dem Buch
und seinen Inhalten zu kommen. Man lässt sich
hineinnehmen und mitnehmen und tritt in einen Dialog ein. Man lässt sich durch die Worte
und Sätze hindurchführen und vielleicht auch
hinführen zu Bereichen im eigenen Leben, die
bisher eher unbewusst oder unbekannt waren.
Wenn man sich berühren und bewegen lässt,
spürt man den Impulsen nach, wohin sie einen
führen möchten. Nach einem solchen Berührt-
werden kann man eine Gebetshaltung einneh-
men, in eine Verneigung, in die Orante-Haltung
oder die Prostratio (siehe oben), bis die Bewegung des Herzens wieder nachlässt. Vielleicht
lässt man das Buch auch einfach einen Moment
oder längere Zeit liegen, geht in die Stille oder
spazieren. Ein weiterer Schritt auf diesem geistlichen Weg des Lesens ist schließlich wieder das
Loslassen des Wortes, Satzes oder der Regung.
Man bleibt aber weiter in einer »hörenden inneren Haltung«, um zu schauen, ob irgendetwas
einen noch weiterführen möchte. Letztlich ist
das Ziel der Lectio Divina, das Herz Gottes im
Wort Gottes zu entdecken, sein eigenes Herz in

das Herz Gottes zu legen und darin Erfüllung und Frieden zu erfahren.

Vielleicht geht aus der Herzensbewegung auch eine Handlung hervor. Am Ende der Lesung wird kurz über das Erlebte nachgedacht und eventuell schriftlich fixiert. Die Übung endet mit einem Dank an Gott.

Zusammenfassung

Das Leben insgesamt und jedes einzelne Leben vollzieht sich als Entwicklung in verschiedenen Stufen und mit vielen Übergängen. Richtungweisende Entwicklungen beginnen oft gerade erst durch tiefgreifende geist-seelische Krisen, in die der Einzelne gerät. Diese »transformativen Krisen«, Wandlungskrisen oder Wendekrisen können durch Initiationen mit Übergangs- und Schwellenriten unterstützt und begleitet werden. Das im Unbewussten verborgene Wissen über die Verwandlungsprozesse zeigt sich in den Krisen: das Neue, Schöpferische beginnt im Chaos und vollzieht sich in einem schöpferischen Sprung.

Veränderung- und Verwandlungsprozesse verlaufen nach dem Strukturschema der Initiation. Dazu gehört zunächst die Trennung oder die Zerstörung des alten Zustandes (*Séparation*). Die Phase der *Marge* bildet die Übergangs- und Wandlungszeit. Diese teilt sich wiederum auf in eine Phase der *Desintegration* und eine Phase der *Neuorganisation*. Eine gelungene Neuorganisation des Selbst, der Identität stellt eine stabilisierende Erfahrung dar. Im Anschluss daran besteht ein tief empfundenes Wissen um die eigene Verletzlichkeit wie auch die Gewissheit, die Krise überwunden zu haben. Ein gelungener Transformationsprozess führt den Betroffenen in die Alltagswirklichkeit zurück und ist dann wieder stark auf die soziale Gemeinschaft hin ausgerichtet (*Agrégation*).

Eine solche Verwandlung beziehungsweise das Durchstehen einer solchen Krise bringt für das Leben des Menschen, der sie durchlebt hat, oft einen Mehrwert, das heißt, er stellt nicht mehr einfach nur den vorhergehenden Zustand wieder her, sondern sein Leben hat deutlich an Qualität und Tiefe gewonnen.

Sowohl weltliche Übergänge als auch religiöse Übergänge laufen nach diesem Schema ab. Auch bei Übergangs- oder Initiationsriten, die keine größeren Wegmarken markieren, können die Veränderungen, die zum Leben gehören, bewusst wahrgenommen werden – altersspezifisch, im Status- oder Rollenwechsel. Wer bewusst mit den Übergängen umgeht, kann sein Leben letztlich freier gestalten. Oft hindern uns »alte Geschichten«, die uns nicht frei nach vorne schauen und gehen lassen. Wir sind verhaftet in der Vergangenheit. Eine erste Entscheidung ist dann, sich wieder neu auf den Weg zu machen und auf dem Weg zu bleiben. Das dürfte ein Grund dafür sein, dass heute so viele Menschen das Pilgern für sich wiederentdecken – ein Weg, auf dem sie initiiert werden, vom Weg selbst oder christlich gesprochen von Christus, der der Weg, die Wahrheit und das wahre Leben, nämlich das »initiierte Leben« ist. Das Aufgenommensein in eine (neue) Gemeinschaft betrifft »in Christus« alle Dimensionen: sowohl die menschliche (das Selbst, die anderen Menschen, der »göttliche Kern« in allen Menschen und Wesen) als auch die göttliche Dimension, die nach einer tiefen Initiation nicht mehr von der geschöpflichen Dimension getrennt wird. Das Göttliche durchdringt alles Geschöpfliche, wir nehmen es nur nicht (immer) wahr.

Unser Wachstum vollzieht sich in Stufen. Wir verlassen die eine Stufen und betreten eine neue. Jede neue Stufe bedeutet, das Initiationsschema von Trennung – »Zwischenzeit« – Integration zu durchlaufen. Daher verwendet man in den Initiationsriten oft Symbole, die diesen Prozess abbilden: Einen alten Zustand oder eine zurückliegende Entwicklung loszulassen kann sich anfühlen wie ein (kleiner) Tod. Die Phase dazwischen kann verglichen werden mit dem Stadium einer Raupe in ihrem Kokon oder wie das Ruhen im Grab in der Geschichte Jesu oder das Ausharren im Bauch eines Ungeheuers wie in der Erzählung von Jona. Dieses Gefühl, dass nichts mehr geht, dass ein Weg an sein Ende gekommen ist und man sich auf die Suche nach einem neuen machen muss, wird in Stammesgesellschaften zum Beispiel mit Beerdigungsriten dargestellt. Manchmal wird den Initianden aber auch nur eine Decke über den Kopf gelegt. In der christlichen Taufe wird der Mensch »auf den Tod getauft« und ins Wasser getaucht, um damit das Absterben des alten Lebens anzudeuten. Das Auftauchen und das wieder Aufsteigen symbolisiert dann eine Wiedergeburt, eine zweite Geburt. Diese Symbolik einer zweiten Geburt oder Wiedergeburt finden sich in beinahe allen Initiationsriten, jedoch in vielfältiger Ausformung.

Initiationen, bei denen Menschen existenzielle Erfahrungen machen, weil die Veränderung, die sich in ihrem Leben gezeigt hat, ebenso existenziell war, führen meistens zu einer tieferen Einsicht in die Grundgegebenheiten menschlicher Existenz. Dazu gehört vor allem das Wissen darum, vergänglich, sterblich zu sein, zumindest, was den irdischen Körper angeht. Der göttliche Kern ist unsterblich. Gerade deshalb möchte eine Initiation von solch tiefer Art den Menschen (wieder) an diesen göttlichen Kern hinführen und anbinden.

Eine Grundaufgabe für unser menschliches Leben ist, dass wir uns mit den Sterbe- und Auferstehungsprozessen auseinandersetzen, uns mit ihnen aussöhnen. Das Kreuz als Symbol kann dann zu einer Hilfe werden, die alten Dinge, den »alten Menschen« wirklich loszulassen, die »Lebensschleppe« abzuschneiden, die »alten Kleider« auszuziehen und den neuen Menschen – Christus als Gewand – anzuziehen, nach dem biblischen Motto: »Ich vergesse, was hinter mir liegt, und strecke mich nach dem aus, was vor mir ist. Das Ziel vor Augen, jage ich nach dem Siegespreis: der himmlischen Berufung, die Gott uns in Christus Jesus schenkt« (Philipper 3,13–14).

Übergänge vollziehen sich jedoch nicht isoliert allein am Einzelnen. Sie haben immer soziale Bezüge. Daher führen einige Initiationsriten auch in bestimmte Gemeinschaften ein, zum Beispiel die

Taufe, die Trauung und die Aufnahme in ein Kloster.

Gebete und gerade auch die Psalmen können den Prozess von Initiationen unterstützen. Viele der Psalmen zeichnen in sich das Strukturschema der Übergänge nach. Sie beschreiben die Trennungen vom Glück und von Harmonie, führen durch schwierigen Phasen und Nöte hindurch und münden im neuen Abschnitt des Lebens mit Gott, mit Lobgesängen und Dank. Der Beter heute kann sich gerade von den Psalmen immer wieder ins Licht und in die Weite Gottes führen lassen, in Geborgenheit und Frieden.

Die Initiationsstruktur lässt sich schließlich auch im Leben Jesu in den Evangelien finden. Wir sind aufgerufen, seinen Weg mitzugehen und uns durch ihn und mit ihm und in ihm verwandeln zu lassen zu den neuen göttlichen Menschen, zu denen wir berufen sind. Dazu möchten uns unter anderem die Übergangsriten im Alltag helfen. Lassen wir uns immer wieder die Tore zum Leben öffnen, lassen wir uns über die Schwelle aus dem alten in das neue Leben führen und schreiten wir vertrauend durch diese Tore hindurch.

Jede noch so alltägliche Situation kann demnach zum neuen Tor werden. Dazu muss man als Mensch immer wieder die bekannten Räume verlassen und neue betreten. Übergänge sollten bewusst als Tore zu neuem Leben wahrgenommen werden. Dazu muss dieses Tor jedoch geöffnet werden: von mir, von anderen Menschen, vom Leben, von Gott. Auf diesem Weg wird man idealerweise begleitet. Hat man das Tor durchschritten, wird man auf der anderen Seite empfangen und in den neuen Lebensschritt, in das neue Leben geführt.

Initiation geschieht jedoch nicht nur dann, wenn jemand ganz bewusst ein Ritual zu einem Lebensübergang plant und durchführt. Manchmal gibt es stattdessen so etwas wie ein Initiationserlebnis, wenn man plötzlich tief berührt wird, einen Augenblick erlebt, der sich wie Ewigkeit anfühlt, dann öffnet sich ein Tor zum Leben. Aus einer solchen Erfahrung heraus kann man auf den eigenen Alltag, die Enge, das Alltägliche plötzlich mit einem ganz anderen Bick schauen, man sieht all das in einem anderen Licht und kann es mit Dankbarkeit und Liebe betrachten und annehmen.

Neben diesen geschenkten Orten, Zeiten und Momenten ist es hilfreich, sich besondere Räume und Zeiten für Übergänge und Initiationen zu schaffen. Wer die Übergänge bewusst wahrnimmt, wird auch bewusster leben und dabei die eigene Lebendigkeit (wieder) entdecken, eine neue Lebensqualität spüren und darin tiefe innere Dankbarkeit.

Ziel einer Initiation ist, Zugang zu einer Gemeinschaft zu bekommen und in die Verbundenheit und tiefe Beziehung mit sich, mit anderen Menschen, mit der Schöpfung und mit Gott zu kommen.

Wenn der Schritt in den veränderten Zustand bewusst mitvollzogen wird, öffnet sich eine neue Welt für den Initianden. Dies ist aber auch nicht durch Knopfdruck herzustellen, sondern bleibt letztlich ein Geschenk. Der Einzelne muss sowohl alleine und in der Stille so manchen Schritt erspüren und hören und seinen je eigenen Weg finden. Er darf sich aber auch auf die neue Stufe begleiten und führen lassen und sich dazu Unterstützung und Hilfe holen. Mentoren, vielleicht auch Supervisoren, jedenfalls erfahrene Menschen, die einen Erfahrungsvorsprung haben, können dabei hilfreich sein. Das Ziel der Initiation ist, sich zu einer Persönlichkeit zu entwickeln, letztendlich zur göttlich-menschlichen Person, in die Würde eines göttlichen Kindes hinein.

Lassen wir uns ermutigen, uns immer wieder auf die anstehenden Initiationsprozesse einzulassen. Lassen wir uns führen und erfahren wir dabei, dass es noch sehr viele ungeahnte Räume des Lebens gibt, in die wir eingeladen sind, hineinzugehen – Schritt für Schritt, Tor um Tor, bis zur Vollendung. Glücklich zu sein, in innerer und äußerer Harmonie zu leben, bedeutet, sich immer wieder auf die Suche zu machen, immer wieder die Übereinstimmung zu suchen, den Ausgleich, die Balance. Als Christen können wir Jesus Christus als Tür und Tor zum Leben entdecken, der den Weg der Initiation zum Kreuz und Grab bis zur Auferstehung hindurchging. Lassen wir uns im Vertrauen auf die Führung Gottes durch das nächste Tor führen, lassen wir uns immer wieder von Jesus Christus mitnehmen in sein Leben – durch das Dunkel des Initiationstodes hindurch zum Licht und Leben Gottes.

Literatur zum Nach- und Weiterlesen

Campbell, Joseph, Der Heros in tausend Gestalten, Frankfurt am Main 1999.

Campbell, Joseph, Die Kraft der Mythen, Ostfildern 1994.

Colombas, García M., Lectio divina – Das Herz Gottes im Wort Gottes entdecken, Köln 2003.

Eliade, Mircea, Das Mysterium der Wiedergeburt. Initiationsriten, ihre kulturelle und religiöse Bedeutung, Zürich 1961.

Fowler, J. W., Stufen des Glaubens. Die Psychologie der menschlichen Entwicklung und die Suche nach Sinn, Gütersloh 1991.

Gennep, Arnold van, Übergangsriten, Frankfurt am Main 1999.

Grün, Anselm; Dufner, Meinrad, Spiritualität von unten, Münsterschwarzacher Kleinschriften Band 82, Münsterschwarzach [3]1995.

Jalics, Franz, Kontemplative Exerzitien – Eine Einführung in die kontemplative Lebenshaltung und in das Jesusgebet, Würzburg [10]2006.

Jungclaussen, Emmanuel; Ware, Kallistos, Hinführung zum Herzensgebet, Freiburg im Breisgau 2004.

Kast, Verena, Vater – Töchter, Mutter – Söhne. Wege zur eigenen Identität aus Vater- und Mutterkomplex, Stuttgart 1994.

Kaup, Johannes, Die Männer sind noch nicht geboren. Erfahrungen, Bekenntnisse, Perspektiven, in: Zulehner, Paul M. (Hg.), Müssen Männer Helden sein? Neue Wege der Selbstentwicklung, Innsbruck 1998, S. 47–81.

Kraft, Hartmut, Über innere Grenzen. Initiation in Schamanismus, Kunst, Religion und Psychoanalyse, München 1995.

Langenbacher, Jesaja, Firmung als Initiation in Gemeinschaft. Theologie von Firmlingen – eine Herausforderung und Bereicherung für die Lebens- und Glaubenskommunikation in der Kirche, Münster 2010.

Nocke, Franz-Josef, Allgemeine Sakramentenlehre, in: Schneider, T. (Hg.), Handbuch der Dogmatik, Düsseldorf [3]2006, S. 188–225.

Nocke, Franz-Josef, Spezielle Sakramentenlehre, in: Schneider, T. (Hg.), Handbuch der Dogmatik, Düsseldorf [3]2006, S. 226–305.

Nouwen, Henri J. M., Ich hörte auf die Stille. Sieben Monate im Trappistenkloster, Freiburg im Breisgau [12]1978.

Oser, Fritz; Gemünder, Paul, Der Mensch – Stufen seiner religiösen Entwicklung. Ein strukturgenetischer Ansatz, Gütersloh [4]1996.

Puzicha, Michaela, Das Buch der Psalmen im Kontext der Benediktusregel, in: Bibel und Liturgie, 77. Jahrgang 2004 – Heft 3, S. 182–192.

Rahner, Karl, Frömmigkeit früher und heute (1966), in: Rahner, Karl, Schriften zur Theologie, Bd. VII, Zur Theologie des geistlichen Lebens, Einsiedeln/Zürich/Köln, S. 11–31.

Roos, Klaus, Geh deinen Weg und sei ganz. Impulse für ein christliches Leben, Mainz 1993.

Schnabel, Ulrich, Muße. Vom Glück des Nichtstuns, München [2]2010.

Strecker, Christian, Die liminale Theologie des Paulus. Zugänge zur paulinischen Theologie aus kulturanthropologischer Perspektive, Göttingen 1999.

Turner, Victor, Das Ritual. Struktur und Anti-Struktur, Frankfurt am Main 2005.

Wolf, Notker; Domek, Johanna (Hg.), Freisein für Gott. Einübung in die Geistliche Lesung, Paderborn 2004.

Die Übersetzung der Psalmtexte ist entnommen aus:

Münsterschwarzacher Psalter
Münsterschwarzach 2003

Die Lebenskunst der Klöster

Münsterschwarzacher Kleinschriften

Die Titel dieser Reihe sind auch im **Abonnement** zu beziehen. Gerne informieren wir Sie unter Tel. 09324/20-292 über diese Möglichkeit.

VIER-TÜRME-VERLAG
Telefon 09324/20-292 · Telefax 09324/20-495
Bestellmail: info@vier-tuerme.de | www.vier-tuerme-verlag.de